Derrida

CB130580

Coleção **PASSO-A-PASSO**

CIÊNCIAS SOCIAIS PASSO-A-PASSO
Direção: Celso Castro

FILOSOFIA PASSO-A-PASSO
Direção: Denis L. Rosenfield

PSICANÁLISE PASSO-A-PASSO
Direção: Marco Antonio Coutinho Jorge

Ver lista de títulos no final do volume

Evando Nascimento

Derrida

ZAHAR

Copyright © 2004 by Evando Batista Nascimento

Capa
Sérgio Campante

CIP-Brasil. Catalogação na fonte
Sindicato Nacional dos Editores de Livros, RJ

Nascimento, Evando
N194d Derrida / Evando Nascimento. — 1ª ed. — Rio de Janeiro : Zahar, 2004.
(Filosofia Passo-a-passo)

Inclui bibliografia
ISBN 978-85-7110-796-0

1. Derrida, Jacques, 1930-. 2. Literatura — Filosofia. 3. Filosofia. 4. Filosofia francesa. I. Título. II. Série.

CDD: 194
04-1324 CDU: 1(44)

Todos os direitos desta edição reservados à
EDITORA SCHWARCZ S.A.
Praça Floriano, 19, sala 3001 — Cinelândia
20031-050 — Rio de Janeiro — RJ
Telefone: (21) 3993-7510
www.companhiadasletras.com.br
www.blogdacompanhia.com.br
facebook.com/editorazahar
instagram.com/editorazahar
twitter.com/editorazahar

FSC
www.fsc.org
MISTO
Apoiando o manejo florestal responsável
FSC® C128038

A marca FSC® é a garantia de que a madeira utilizada na fabricação do papel deste livro provém de florestas que foram gerenciadas de maneira ambientalmente correta, socialmente justa e economicamente viável, além de outras fontes de origem controlada.

Esta obra foi composta por TopTextos Edições Gráficas em Minion e Frutiger e impressa em processo sob demanda pela Um Livro sobre papel offset para a Editora Schwarcz a partir de 2024

Sumário

Elementos biobibliográficos

Jacques Derrida nasceu numa família judia em 15 de julho de 1930, em El-Biar, na Argélia, e é considerado um dos últimos grandes filósofos vivos. No entanto, todas essas supostas identidades devem ser problematizadas. Primeiro, a condição de judeu jamais foi simples para Derrida, pois ele nunca chegou a ter uma cultura judaica no sentido estrito, nem estudou o hebraico ou teve preparação religiosa. A principal razão seria o fato de o meio judaico de sua infância e adolescência ser duplamente colonizado: de um lado, pela França, país de que a Argélia só se libertará em 1962. Do outro, pela cultura norte-americana bastante influente no contexto em que nasceu; daí o verdadeiro prenome de Derrida ser o americanizado Jackie, e não Jacques, mas este último acabou por se tornar sua designação autoral corrente. Todavia, assinalemos que há fortes traços do judaísmo em Derrida, particularmente a herança de Abraão do Antigo Testamento, como ele mesmo tem ressaltado nos últimos anos.

Quanto à identidade profissional, a de filósofo, não é aplicada a seu caso senão com muitas reservas. Apesar de ser reconhecido internacionalmente sob esse título, e de ocupar a Cátedra de Filosofia e Epistemologia na École des Hautes Études en Sciences Sociales, em Paris, onde dá aulas e orienta pesquisas desde 1983, a relação singular com a tradição filosófica é um dos aspectos pelos quais sua obra é mais discutida, freqüentemente gerando polêmicas e mesmo grandes equívocos.

Desde os anos 1970 pelo menos, a palavra "desconstrução" tem sido relacionada com ênfase ao pensamento de Derrida, a despeito das restrições que ele mesmo faz a esse uso indiscriminado, como um rótulo genérico. Voltaremos mais adiante a esse termo, que conheceu um grande sucesso nas últimas décadas, ultrapassando os muros da Universidade e chegando ao espaço da mídia internacional. Sobretudo não teremos nenhuma pressa em defini-lo, se é que em algum momento chegaremos a fazê-lo, já que o problema filosófico da *definição* atravessa praticamente todos os textos assinados "Derrida".

O que nos interessa aqui sobretudo são as fronteiras dessa *assinatura Jacques Derrida*, reconhecida no mundo inteiro, através de traduções em praticamente todas as línguas ocidentais e em algumas orientais, compreendendo cerca de 80 volumes publicados somente na França. E como para Derrida não existe problema teórico que não implique de algum modo a *biografia* dos sujeitos envolvidos, façamos mais algumas observações quanto às suas origens argelinas e à sua formação até chegar à França e aí se tornar mais tarde professor e ensaísta.

Um dado importante nas leituras iniciais de Derrida é ele ter demonstrado, desde muito cedo, um duplo interesse, pela literatura e pela filosofia, de modo tal que em princípio imaginou que viria a ser professor de Letras. Muito contribuiu para essa dupla inclinação o fato de os autores que leu primeiramente serem ou filósofos interessados pela literatura (Rousseau, Nietzsche, Sartre, Heidegger), ou escritores que elaboraram algum tipo de pensamento teórico-crítico (Valéry, Gide, Camus, Mallarmé). Por esse motivo, se alguma identificação geral devesse ser aplicada a Derrida, essa deveria ser a de *pensador*, tal como Heidegger falava no *Denker*, e não a de filósofo ou de escritor.

Essas observações de princípio servem para refletir que, desde a Argélia, Derrida foi marcado pelos discursos da filosofia e da literatura, embora seja importante excluir logo a possibilidade de seu trabalho ser uma estetização da filosofia, como quer uma parte da crítica. Ainda que alguns de seus textos apostem numa estrutura discursiva não-convencional (como *Glas*, de 1974), e que de um modo geral sua escrita muito pouco tenha a ver com o tratado filosófico clássico, não se trata em hipótese alguma da poetização ou do embelezamento artificioso de um discurso que seria basicamente conceitual. Antecipemos que os limites da conceitualidade filosófica tradicional constituem um dos pontos mais importantes da reflexão derridiana. Em contrapartida, tampouco devemos imaginar que ocorre em seus textos uma aplicação de conceitos filosóficos à obra literária. Esse segundo caso reduziria a literatura à mera ilustração de teses pré-concebidas, as quais, em última instância, transformariam o texto literário num conjunto de idéias abstratas e distintas de sua própria estruturação material.

Em resumo, em Derrida não há nem estetização da filosofia, nem muito menos, na via contrária, ilustração de teses filosóficas através de textos literários. A relação entre os dois tipos de discurso é certamente bem mais complexa do que desejam alguns de seus leitores apressados. E Derrida há muito se queixa das leituras superficiais ou simplesmente inexistentes, as quais fazem afirmações categóricas sobre uma obra que muitas vezes desconhecem. Devido à complexidade de sua escrita, esta provoca muitas vezes uma rejeição causada na verdade pela impaciência de leitores que querem compreender e esgotar todo um texto ao primeiro olhar.

Aos que o acusam, por esse motivo, de hermetismo, Derrida contra-argumenta dizendo que os autores que ele lê, tais como Platão, Aristóteles, Descartes e Kant, são mais complicados do que seus próprios textos. Façamos, portanto, um exercício de paciência e sobretudo não tenhamos a pretensão de exaurir o conjunto em aberto dos dispositivos da escrita derridiana. Em vez disso, consideremos este volume como uma pequena introdução, um modo de tocar com os dedos na textualidade derridiana, de maneira atenta, para não destruí-la com preconceitos, descaso e, na pior hipótese, má-fé. Em nosso percurso, seremos orientados pela dupla vertente assinalada: no primeiro capítulo trataremos de uma questão principalmente filosófica, para apontarmos como ela se relaciona de certo modo com a literatura. Já no capítulo seguinte veremos como uma problemática oriunda do campo da literatura adquire também uma dimensão filosófica.

Mas importa ressaltar desde já que ambos os discursos e seus limites serão postos em causa, pois não se trata de "fetichizar" um deles em detrimento do outro, e sim de ver em que contribuem para o avanço do pensamento. Pois o objetivo mínimo é explicitar como essa forma de pensar que se chama de "desconstrução" tem ressonâncias no âmbito geral das ciências humanas, indo mesmo além, já que cada vez mais as reflexões derridianas se encaminham para temas ligados à contemporaneidade em sentido amplo, tais como as novas tecnologias e a geopolítica internacional.

Assinalemos ainda que Derrida está relacionado a uma geração de intelectuais franceses que se tornaram mundialmente conhecidos a partir dos anos 1960, dentre os quais Michel Foucault, Gilles Deleuze, Jean-François Lyotard e Roland Barthes. Há várias designações para esses pensadores, as principais sendo "pós-estruturalismo francês" e "pensamento da diferença". A primeira denominação se deve sobretudo à leitura norte-americana desses autores, mas contém um equívoco básico: o de dar um sentido de bandeira, movimento ou escola, quando eles jamais se organizaram num grupo coeso. De fato, a produção desses pensadores se segue a um movimento de grande força no final da década de 1950 e na década de 1960, o estruturalismo, que influenciou amplamente as ciências humanas e assumiu ares de escola. Os textos de Derrida e Deleuze, por exemplo, apontam para uma abertura além do horizonte estruturalista, assinalando os limites do movimento. Mas a coincidência de alguns interesses e a afinidade em certos enfoques jamais se traduziu na criação de um programa comum, com estratégias e objetivos definidos, que justificassem o rótulo aglutinante de "pós-estruturalistas".

Exatamente por esse motivo seria mais adequado nomeá-los como "pensadores da diferença", se o uso de algum título for imprescindível, pois em todos eles comparece uma reflexão sobre a questão da *diferença* — antropológica, estética, filosófica. Com a vantagem adicional de que a tematização mesma da diferença é diferencial e, em certo sentido, irredutível, em Derrida ou em Barthes, em Foucault ou em Deleuze, ou ainda em Lyotard. Nos textos de Derrida, essa problemática será desenvolvida a partir do termo francês *différance*, que discutiremos na segunda seção.

Destaquemos ainda que, sobretudo a partir dos anos 1990, o trabalho de Derrida vem sendo lido e discutido nos Estados Unidos, no âmbito dos chamados estudos pós-coloniais, das questões de minorias (étnicas, sexuais) e dos estudos femininos. Isso em muito contribuiu para a difusão internacional de seus textos, mas não sem alguns equívocos, como é comum quando ocorre a politização do pensamento. Todavia, lembremos desde já que questões de poder e de política são inteiramente afins de uma perspectiva desconstrutora.

Finalmente, antes de prosseguirmos, observemos que, pelo que foi dito até aqui, não há "conceitos" nem "idéias" filosóficas propriamente ditas em Derrida. Há *noções* e *categorias* não-fechadas, ou ainda *operadores textuais*, alguns dos quais ele nomeia como "indecidíveis", e que estruturam seus textos de maneira dinâmica. O primeiro desses termos de que vamos tratar é bastante conhecido e foi recolhido nos diálogos platônicos: o phármakon, abordado no célebre ensaio de Derrida "A farmácia de Platão".

Derrida e a filosofia

A dupla cena da leitura. Para abordar de maneira adequada o vasto pensamento de Derrida, evitando cair num excesso de generalidades que acabaria por destruir sua escritura singular, vamos comentar um de seus ensaios mais conhecidos, o que infelizmente não quer dizer mais compreendidos. Porém, o comentário aqui visa a realizar, ou melhor, performar uma *experiência de leitura*, articulando-a a noções e operadores derridianos. Ao final do percurso, desejamos ter exposto algumas das mais importantes relações entre "desconstrução", ou "desconstruções", e tradição filosófica.

"A farmácia de Platão" é provavelmente o ensaio mais lido de Derrida. Publicado originalmente na coletânea *La dissémination* [A disseminação], de 1972, foi traduzido num volume à parte no Brasil. Podemos dizer que o texto se desenvolve através de uma *cena de leitura*, mas é preciso emprestar a essa expressão toda a sua força. Não se trata de uma leitura no sentido convencional do termo, em que um filósofo (no caso, Derrida) leria um ou mais textos de outro (o *Fedro* e demais diálogos de Platão), a fim de apontar as verdades ou contradições que acaso veiculam.

A leitura de Derrida não intenta demonstrar a coerência ou as incoerências dos *Diálogos*, com a finalidade de avaliar o sistema filosófico de Platão enquanto discurso efetivamente verdadeiro ou, no caso da demonstração contrária, falso. Nem a verdade nem a falsidade como valores hermenêuticos orientam a atividade derridiana. Ela seria mais da ordem de uma cena, a cena de leitura em que se enuncia um novo discurso (o de Derrida, no ensaio "A farmácia de Platão") a partir de um discurso anterior (o de Platão). Isso significa dizer que não está em causa, nesse gesto interpretativo, a leitura como função de consumo ou de comentário textual neutro a partir de um texto prévio.

O que conta para Derrida é a leitura como função em certo sentido "pragmática", ou seja, o ato de fala ou de discurso como prática de um sujeito, que fala, escreve, agencia valores, desloca sentidos, redimensiona estruturas etc. Em outras palavras, em vez da noção de leitura tanto como relação passiva de mero consumo de um ou mais sentidos já prontos no texto de um outro autor; quanto como simples explicação do que seria essa significação pré-dada, em Derrida o *sentido* é algo sempre por ser elaborado, remanejado, deslocado etc., em função dos sujeitos relacionados aos atos de fala e/ou de escrita. Tais sujeitos são o autor, falante ou escritor, e o leitor ou leitora, que pode, por sua vez, se tornar autor/falante/escritor a partir da leitura que realizam.

Dentro dessa visão até certo ponto "pragmática", que em muito se relaciona com a lingüística dos *speech acts* (atos de fala, de discurso ou de linguagem) de John Langshaw Austin, a leitura é antes de tudo um *ato*, um modo de acesso à linguagem que implica *efeitos* discursivos mais ou menos mensuráveis dentro de certos contextos. Mas no processo interpretativo as noções de sujeito e objeto como instâncias fixas e idênticas a si próprias são abaladas. E o próprio contexto não é visto como um mero dado objetivo, externo à relação de comunicação. Sinalizemos desde já que um dos dogmas das teorias dos atos de fala é posto em questão de ponta a ponta no pensamento de Derrida: o da *intencionalidade* autoral.

Sendo assim, a cena da leitura que se desenvolve sob nossos olhos em "A farmácia de Platão" não apenas aponta alguns temas clássicos na filosofia de Platão: a questão da verdade, o método dialético, a teoria da alma, o mundo das idéias etc. Ela visa antes de mais nada tratar o diálogo platônico enquanto *texto* ou *textualidade* complexa, que envolve múltiplos níveis de estruturação ou camadas de composição. Nesse sentido, a *intenção* de Platão ao escrever seu texto como suposta reprodução dos diálogos orais de Sócrates configura o que tradicionalmente, e mesmo na fenomenologia de Husserl, se designa como o *querer-dizer*, a significação (*Bedeutung*) última que organizaria os múltiplos estratos do texto. É justamente a *unidade* da intenção, do querer-dizer ou da significação última do *Fedro* que Derrida procura pôr em perspectiva como efeito do platonismo.

A metáfora que articula o ensaio de Derrida fez grande sucesso nos anos 1970 e 80, mantendo seu fascínio até hoje: o texto, desde sua etimologia, é um *tecido*, uma composição heterogênea feita de muitos fios, os quais uma vez entrelaçados implicam múltiplas camadas de leitura. Essa metáfora "histológica" — do grego *histós*, "objeto vertical, donde 1) mastro de navio; 2) rolo vertical (entre os antigos) de onde partiam os fios do tear; tear; tecido, teia, por analogia, teia de aranha" — tem como conseqüência o fato de a leitura derridiana operar *recortes* na textualidade platônica.

Primeiro e fundamental recorte: o texto escolhido, o *Fedro*. Como Derrida assinala, esse diálogo que tem como personagens Sócrates e seu discípulo Fedro foi muitas vezes maltratado por alguns de seus comentaristas. Estes o consideraram de certo modo "defeituoso", pela apreciação feita em relação à escrita. Isso fez com que fosse tachado seja como um texto da juventude — por Diógenes Laércio, por exemplo —, e o suposto defeito viria da imaturidade de Platão, seja como um texto da velhice, e a deficiência repousaria na senilidade do autor. Muito novo ou muito velho, o autor do *Fedro* se teria deixado levar pelas vicissitudes próprias à idade.

Derrida vai refutar ambas as teses referentes ao *Fedro*, atribuindo-lhe uma importância que poucas vezes tinha tido até então. Além desse primeiro recorte, a cena da leitura que o ensaio de Derrida performa opera um segundo. Ele vai justamente privilegiar uma cena do final do diálogo de Platão, quando todos os temas parecem ter sido desenvolvidos e nada mais resta a fazer senão concluir a argumentação que Sócrates vinha desenvolvendo através do método dialético, o qual ele não inventou propriamente mas que sem dúvida ajudou a aperfeiçoar.

Essa cena final é nada mais nada menos do que o momento em que Sócrates narra para Fedro o nascimento da arte da *escrita* no Egito Antigo. Num texto que mimetiza um diálogo real entre mestre e discípulo, o *Fedro*, é narrado o mito da origem da escrita, a qual em princípio deveria ser uma mera reprodução da fala. Trata-se de duas cenas, portanto: a da leitura de Derrida (cena 1) e a de Sócrates com Fedro em torno da origem da escrita (cena 2). Derrida opera um micro-recorte no texto platônico para ver como este *encena* a origem da escrita. Como se um "diretor" (ou "dramaturgo") retomasse uma cena filosófica clássica dois milênios depois e a reescrevesse à sua maneira.

Prestemos, no entanto, atenção ao fato de que a leitura microscópica de Derrida de modo algum se reduz a um "imanentismo" que buscasse um sentido intrínseco à cena do *Fedro*. Desde o início de "A farmácia de Platão", a cena da origem da escrita vem articulada a outros momentos desse mesmo diálogo, bem como a inúmeros outros diálogos de Platão, além das referências à cultura grega e ao pensamento filosófico em geral. Em si e por si mesma, a cena da escrita não tem um sentido absoluto e acabado — ela só passa a tê-lo, e de maneira complexa, a partir das articulações que Derrida propõe.

Redupliquemos o gesto derridiano, imobilizemos a cena da origem da escrita tal como ela vem disposta no *Fedro* e tal como ela tinha sido preparada desde o começo do diálogo, a fim de destacar alguns dos *operadores* recorrentes no pensamento derridiano. Sublinhemos que a cena da leitura de Derrida é *escrita*, porque, como ele explica na introdução do ensaio, "seria preciso, pois, num só gesto, mas desdobrado, ler e escrever". Mas para isso é preciso pôr os dedos no tecido, puxando alguns de seus fios e acrescentando outros, inventando, assim, um novo texto. Em Derrida não há criação pura, seja filosófica, seja literária, e por isso ele está sempre *partindo* do texto de outros autores, filósofos ou escritores. Partindo, ou seja, tomando-os como ponto de partida *e* afastando-se deles, fazendo-os dizer o que jamais teriam dito.

A escrita-phármakon. Como dito, a cena da origem da escrita comparece na conclusão do *Fedro*, quando Sócrates narra um antigo mito egípcio. Trata-se do momento em que o deus Thoth submete à apreciação do Deus supremo Tamuz algumas de suas invenções. A última destas, na ordem de apresentação ao Deus-Rei, são os caracteres escritos (*grámmata*) que, segundo Thoth, devem servir como "remédio" (*phármakon*) para a memória e para a instrução. O argumento do rei para a rejeição dessa oferenda de Thoth vai ser o de que a escrita é boa não para a memória *(mnéme)* mas para a simples recordação (*hypómnesis*). Tamuz reverte o sentido e o valor do invento atribuídos por seu criador, transformando o "remédio" em "veneno" para a memória efetiva.

Segundo Derrida, toda a interpretação do *Fedro* passa necessariamente por essa *reversibilidade* da avaliação da escrita. A cena da leitura de Derrida *sobre* essa cena da origem da escrita no diálogo de Platão se desenvolve justamente no sentido de expor uma grande ambivalência do termo grego *phármakon*, que é aplicado para qualificar os caracteres escritos, e de demonstrar como os tradutores quase sempre negligenciaram essa duplicidade no ato da tradução. Em outras palavras, por si mesma a ambivalência da palavra *phármakon* não constitui uma novidade, nem foi Derrida que a descobriu. O dado inovador na leitura proposta por "A farmácia de Platão" é tornar praticamente inviável uma decisão simples por um dos pólos, o positivo ou o negativo. No contexto de seu aparecimento, e mesmo desde o começo, quando a palavra já vinha sutilmente associada aos textos escritos no encontro entre Sócrates e Fedro, a decisão exclusiva por um de seus sentidos, em geral o de remédio, em detrimento do outro, o de veneno, tem implicações diretas sobre o que está em jogo na textualidade do *Fedro* e que tentaremos discernir cada vez mais. Para Derrida, muitas questões filosóficas e culturais passam pelos problemas e embaraços da tradução.

O Deus-Rei Tamuz se serve da palavra *phármakon* em sua acepção negativa, e nesse caso ele seria melhor traduzido por *veneno,* enquanto o deus subalterno, Thoth, recorre ao termo *phármakon* para lhe atribuir poderes de cura em relação à memória, podendo então ser traduzido por *remédio*. De um modo geral, mesmo as mais cuidadosas traduções não prestam atenção a essa oscilação de valor, traduzindo então sistematicamente *phármakon* como "remédio".

Essa relação entre o termo *phármakon* (remédio e/ou veneno) e a escrita já tinha comparecido em outros momentos do diálogo, mas é na cena final que se explicita a ambígua caracterização. O dado a observar é que, desse modo, se atribui à escrita a suspeita de uma eficácia oculta, próxima da magia e dos poderes secretos. Algo na arte da escrita incomoda e, para Derrida, esse incômodo não é meramente psicológico nem acidental. Há traços dos caracteres escritos que perturbam profundamente o Rei Tamuz, e Sócrates tirará grande proveito disso antes de terminar o diálogo com Fedro.

É preciso não perder esse outro desdobramento textual: apesar de ter dado adeus aos mitos no início do diálogo, Sócrates se refere a um mito egípcio para falar da origem da escrita e de seu julgamento. Esta é, portanto, uma cena mítica de fundação, com múltiplas implicações ficcionais: Sócrates, aquele que não escreve, mestre de Platão, personagem fundamental dos diálogos platônicos, em interlocução com seu outro discípulo Fedro condenará a escrita através de uma ficção, a qual fala justamente de um Deus-Rei que desconhecia a escrita. Essa majestade utiliza sua divina força para desqualificar a potência inventiva de seu subalterno Thoth. A cena da fundação é sem dúvida marcada pelos poderes institucionais, e é como tal que precisa ser lida.

O argumento de Tamuz para a rejeição da escrita é muito simples: ela não representa uma forma autêntica de memória, pois ao confiar a caracteres *exteriores* a sua própria memória *interna* os homens se tornarão mais esquecidos, isto é, desmemoriados. Em vez do exercício próprio de uma memória viva (*mnéme*), auto-referida, tem-se com o texto escrito o recurso artificial a uma *rememoração* (*hypómnesis*) como signo de morte, de algo passado e exterior ao instante presente.

Para o Rei, o texto escrito não pode ser um auxílio ao verdadeiro conhecimento porque ele simplesmente parece "repetir sem saber". O que se marca, assim, é o valor da escrita como simples representação da fala, esta sim capaz de produzir o verdadeiro conhecimento como função da memória autêntica. O poder do *lógos*, o discurso vivo, na presença e sob o controle de quem fala, está na razão direta de sua proximidade para com a origem, entendida como função de uma *presença plena*, a do *pai do discurso* ou, como se diz modernamente, o "sujeito falante". Isso configura o que Derrida, no rastro de Heidegger, chamou de "metafísica da presença", ou seja, o privilégio da presença como valor supremo, em prejuízo de qualquer diferimento, repetição ou *diferença* em todos os sentidos do termo.

A suspeita de Tamuz, reproduzida por Sócrates, advém do fato de que o *lógos* é um "filho", que enquanto tal recebe a assistência de seu pai, o autor do discurso. Já a escrita é caracterizada pela "ausência do pai", representando sua provável dispensa. Nos diálogos de Platão, e não apenas no *Fedro*, a escrita vem marcada por uma dupla caracterização: ora é vista como "órfã", e assim corre todos os riscos de quem não conta com a assistência paterna; o texto escrito se aventura sozinho, expondo-se aos acidentes da orfandade. Ora, e de outro lado, a escrita é vista como suspeita e acusada de "matar" seu próprio pai, e não de simplesmente tê-lo perdido. O texto escrito pode dizer aquilo que o pai-falante jamais diria, constituindo uma traição à origem do discurso e um parricídio em relação ao seu autor.

Órfã desprotegida ou assassina bastarda de seu pai, à escrita resta a qualificação negativa, pois sua *especificidade* se relaciona sempre à ausência do pai. Se isso é verdadeiro, o que singulariza o discurso (*lógos*) é ter um pai, ou antes, dirá Derrida, o conceito de paternidade é sobredeterminado pela fala: o pai é sempre pai de um falante-vivente. Já a escrita é a insidiosa cria de um escrevente-defunto, pouco importando se empiricamente ele ainda está vivo, pois o que está em pauta é o diferimento, a repetição de sua fala *à distância*, no tempo e no espaço. O *lógos* é, portanto, a origem da paternidade, enquanto a escrita é a fonte da tormenta, com a morte anunciada do pai.

Em outras palavras, através do mito narrado por Sócrates estabelece-se uma oposição entre um discurso legítimo (o *lógos*), e uma escrita parricida, a qual tanto pode ser vista como um remédio (para Thoth, seu inventor) quanto como um veneno (para Tamuz, o Rei que não sabe escrever e, portanto, despreza a escrita). A escrita é um *phármakon*, embora o verbo-cópula "ser" neste caso não se reduza a um sinal de igualdade, mas seja o que no ensaio de Derrida mais nos dá a pensar.

O veredicto do Deus-Rei (Rei dos reis, Deus dos deuses) sobre a invenção de seu subordinado Thoth marca a oposição que se tornou clássica no Ocidente entre um *lógos* determinado pela memória viva (*mnéme*) e uma escrita subdeterminada pela simples recordação ou rememoração (*hypómnesis*), como fixada em caracteres mortos. Como se passa com o "livro do *Filebo*", outro diálogo platônico, a teoria da linguagem no *Fedro* se estabelece a partir da oposição entre o vivo e o morto, a memória e a recordação, o modelo e a imagem, a presença e a ausência. Isso é o que Derrida designa como *logocentrismo*: o privilégio do discurso falado, o *lógos*, na presença viva de seu pai-autor.

Esse seria um dos três preconceitos da metafísica ocidental, de que a dialética platônico-socrática representa um momento fundador. Os outros dois seriam o fonocentrismo e o falocentrismo, de que falaremos em seguida. Por ora, o importante é notar que a argumentação metafísica se caracteriza por uma valorização da origem do discurso, entendida como referência simples, não-desdobrada, a uma presença idêntica a si mesma. Essa metafísica da presença significa que no discurso platônico interessa preservar uma presença original, representada pela figura "paterna", daquele que enuncia e controla seu próprio discurso, evitando o erro e o logro interpretativos. Ao fingir re-apresentar o discurso do pai, a escrita, órfã e parricida, acaba por des-apresentá-lo, afastando-o definitivamente de sua origem, una, homogênea e pontual. Por natureza, a escrita é dúplice, pois ela atua como uma *mímesis*, ou seja, uma representação, um fingimento ou uma cópia do discurso vivo, um desdobramento ou, pior, uma multiplicação da memória relacionada à presença do pai. Por essência, ela é má, pervertida, destrutiva da memória entregue aos poderes da rememoração artificial, à potência do falso.

Ora, para Sócrates, o *verdadeiro saber* a que aspira o discurso filosófico não pode ser confiado ao texto escrito, evidenciando-se uma oposição sutil entre um *saber* como memória e um *não-saber* como rememoração, repetição de repetição, artifício. Há, de um lado, uma repetição de verdade (a *alétheia* dos gregos) que dá a ver e apresenta a essência das coisas, como remissão inequívoca à origem simples. E, do outro, uma repetição de morte e de esquecimento (a *léthe* dos gregos), que desvia porque não apresenta mas re-apresenta, des-apresentando e desvirtuando a origem e a essência das coisas. O que funda o discurso filosófico é o *valor de verdade* e este não pode estar submetido aos caprichos da artificiosa e deletéria escrita. Valor de verdade que Nietzsche apontava como o *valor dos valores* para o discurso filosófico. A cena de julgamento do texto escrito, no *Fedro*, é uma cena de fundação da própria *filosofia como instituição*. Enfatizemos isso, pois à diferença de outras leituras de Platão, a de Derrida se interessa pelas forças que estão sendo agenciadas no discurso, e não pura e simplesmente por seu suposto conteúdo abstrato, ou suas "teses".

Como Derrida desenvolve nos ensaios de *Margens — Da filosofia*, *Du droit à la philosophie*, *D'Un ton apocalyptique adopté naguère en philosophie*, *L'Archélogie du frivole* [Do direito à filosofia, De um tom apocalíptico adotado há pouco na filosofia, A arqueologia do frívolo], dentre outros, em filosofia as "teses" informam o resultado de um percurso todo ele construído através de atos de discurso e de cenas privilegiadas. Tais atos e cenas são performados pelos personagens implicados na leitura, e estes são vários: o suposto autor Platão e seu mestre Sócrates, personagem da ficção platônica; os diversos interlocutores de Sócrates, discípulos ou não, que são instrumentalizados como peças do jogo dialético; as inúmeras figuras míticas, por exemplo as de Thoth e de Tamuz; os possíveis leitores, sejam filósofos, diletantes ou curiosos espectadores do teatro filosófico platônico; finalmente nós mesmos, leitores do século XXI, previstos na máquina discursiva dos *Diálogos*.

Cada um desses "sujeitos", e haveria outros não-nomeados, é convidado a exercer funções específicas na cena de fundação da dialética como método e discurso verdadeiro, ou seja, *efetivamente* relacionado à verdade. Efetivamente: o valor de verdade depende dos efeitos programados pela máquina discursiva, não existindo por si só, como essência absoluta e atuando independentemente de qualquer contexto. A efetividade do valor de verdade procede do contexto e dos sujeitos e objetos agenciados pelo teatro da dialética.

Tal como no Livro X da *República*, em que condena a poesia, no *Fedro* Sócrates também recorre à *pintura* para mostrar o que tanto o incomoda na arte da escrita. O que há de perturbador na arte pictórica é que suas figuras têm atitudes de seres vivos, mas se alguém as interroga ficam caladas. Com o texto escrito acontece o mesmo: quando indagados, repetem sempre a mesma coisa. Um outro incômodo seria que o discurso escrito chega a toda parte, alcançando tanto os que podem compreendê-lo quanto os que não têm essa capacidade. Por isso mesmo, a escrita não pode se defender. Notamos nas palavras de Sócrates que de algum modo a escrita tem uma função democrática, o que atrapalha certamente a soberania do rei Tamuz.

O logocentrismo do *Fedro*, como privilégio do *lógos*, tem seu correlato no *fonocentrismo*, que é o centramento na *phoné*, a qual ao "ouvir-se falar" (*s'entendre parler*) toma a *própria voz* como índice da unidade discursiva e como fundamento fenomenológico da consciência. Isso é amplamente desenvolvido por Derrida em sua leitura de Husserl, intitulada *A voz e o fenômeno*. Um discurso falado aparentemente tem uma só voz, uma única substância fônica, enquanto uma escrita pode ser dotada de múltiplas "vozes", repetidas, diferidas, entrecruzadas. O terceiro preconceito metafísico seria o *falocentrismo*, o privilégio do *phallus* (a representação do pênis), já que o valor de presença é uma referência à virilidade como modo privilegiado da relação a uma origem simples, não-dividida, idêntica a si mesma. Derrida tira proveito do fato de o termo "escrita" nas línguas neolatinas ser feminino, para demonstrar que ela se relaciona a um deslocamento ameaçador do discurso falocêntrico. O significante escrito é um simulacro que divide e des-apresenta, ameaçando de morte o discurso vivo e autocentrado. Já o significante fônico preservaria a unidade do sentido, resumido na *intencionalidade* autoral, como referência última à presença original, ao Deus-Rei-Bem-Sol-Pai-Capital, que a figura de Tamuz representa.

Os indecidíveis. A cena do rebaixamento da escrita no *Fedro* se deixa organizar por uma série de pares opositivos: vivo/morto, presente/ausente, interior/exterior, essencial/aparente, verdadeiro/falso, legítimo/bastardo, bom/mau, significante fônico/significante escrito. Derrida observa que, por definição, essa série não tem fim, mas se deixa organizar por um de seus pares: interior/exterior. No discurso socrático, os elementos da oposição devem ser, em princípio, *exteriores* uns aos outros. Mas para que isso ocorra é preciso que essa diferença de lugar seja orientada por uma *hierarquia*: um dos elementos vale mais do que o outro. Ou seja, dentro da série que acabamos de nomear, o vivo, o presente, o interior, o essencial, o verdadeiro, o legítimo, o bom e o fônico são atributos do discurso-*lógos* e, também por definição, são distintos e superiores em relação à escrita-*phármakon*, caracterizada como morta, ausente, exterior, aparente, falsa, bastarda, constitutivamente má e des-apresentativa. A escrita é tanto inútil quanto nociva ao valor da verdade, pelo qual o método dialético deve se pautar, a fim de preservar o valor da presença original.

A *exterioridade* dos caracteres escritos nada tem a ver com essa relação interior da memória de si para consigo, que num momento bem posterior vai resultar no "Penso logo existo" de Descartes. A "letra morta" da escrita frustra a constituição da *subjetividade* (termo moderno, latino), plasmada na e através da memória viva. O problema da escrita é sua *indecidibilidade*, calcada na razão de ser um simulacro: detém os aspectos da vida, quando na verdade está morta; parece representar de maneira legítima o pai, quando potencialmente o des-apresenta, pois pode dizer o que ele jamais diria, embora pareça sempre dizer a "mesma coisa"...

No fundo, se ela fosse sempre má, se não disfarçasse sua bastardia sob os aspectos da utilidade e da recuperação da memória viva, a escrita não representaria um grande perigo. O perigo consiste justamente em, ao se apresentar como útil e verdadeira, útil porque verdadeira, substituir o discurso legítimo, vivo, presente. A escrita é um "perigoso suplemento": algo que viria apenas *suprir* provisoriamente uma instância que lhe é anterior e legítima mas que de fato acaba por poder *substituí-lo* em definitivo. Derrida surpreende essa mesma desconfiança de Sócrates-Platão com relação à escrita em Rousseau e em seu discípulo Saussure. Como ele explica em outro de seus livros bastante conhecidos, *Gramatologia*, ambos desconfiam dos poderes ocultos desse veneno-remédio, cuja eficácia provém exatamente da indecidibilidade, ou seja, da dificuldade no limite da *aporia* (termo grego que indica a falta de passagem, o embaraço, a incerteza quanto à solução de um problema) em decidir entre caminhos que se bifurcam.

O suplemento e o complemento. Assim, os textos de Derrida são marcados por diversos *indecidíveis*, termos por ele recolhidos em outros autores, a fim de demonstrar a ambivalência que os articula no contexto de partida. Por natureza, os indecidíveis não se reduzem à decisão filosófica que preside aos atos de julgamento, os quais se ordenam pelos valores opositivos (bem/mal, veneno/remédio, presença/ausência, feminino/masculino). Acabamos de nomear três desses indecidíveis: a escrita, o *phármakon* e o suplemento. O *suplemento* é uma palavra recorrente em textos de Rousseau, nos quais se configura uma lógica que excede a lógica filosófica da não-contradição, baseada na série opositiva infinita, em que um dos termos vale mais que o outro. Para Derrida, leitor de Nietzsche, o suplemento opera uma reversibilidade dos contrários, uma vez que estes deixam de ser o simples complemento opositivo um do outro. Nessa lógica, a escrita não complementa a fala, mas a supre, ultrapassando seus limites históricos. Tal como o verbo francês *suppléer*, nosso verbo "suprir" detém o duplo sentido de *acrescentar* algo a um todo aparentemente completo (a escrita em relação à fala), mas também de *substituir*, de *suplementar* essa aparente completude, indo além de sua limitação totalizante. Esse é o risco do suplemento: ao se acrescentar a uma identidade prévia (do *lógos*, ou da *phoné* auto-identificada, una, homogênea), a escrita pode supri-la, destituindo-a no ato mesmo de representar. O perigoso suplemento corrói a *lógica da identidade* que sustenta a metafísica da presença.

Diversos outros indecidíveis se encontram nos ensaios derridianos, tais como *grammé*, implexo, *différance*, *móchlos*, *khóra*... Lembremos de passagem que o termo "indecidível" vem de Kurt Gödel, um dos maiores matemáticos do século XX, que em 1931 enunciou seu famoso teorema, segundo o qual existem proposições aritméticas tais que nem elas nem sua negação são demonstráveis na aritmética adotada. São proposições *indecidíveis*, nem verdadeiras nem falsas. Logo, em qualquer axiomática consistente baseada em aritmética existem sentenças indecidíveis.

Em Derrida, a indecidibilidade dos próprios indecidíveis vem também da impossibilidade de caracterizá-los como sendo simplesmente conceitos ou metáforas. De um lado, não são suficientemente dotados por Derrida de sistematicidade e unidade para serem tratados como *conceitos*. Do outro, não são simples figuras de linguagem, tropos que designariam uma coisa facilmente identificável através de um outro nome, por uma relação de analogia, como é o caso da definição aristotélica da *metáfora*. Entretanto, os indecidíveis são constituídos por traços da metáfora (desviam-se da origem plena, têm algo do tropo) e do conceito (dispõem de uma regularidade mínima e de um funcionamento que *simulam* a atividade conceitual). Os indecidíveis são os operadores de leitura que marcam o limite mesmo do filosófico, sinalizando aquilo que o torna limítrofe dos discursos que lhe são afins e concorrentes — a poesia, a escrita em geral, a pintura e todas as artes miméticas.

A cena de escrita que se representa no *Fedro* expõe o que se passa nos fundos da "farmácia" (ali onde Platão "manipula" seus conceitos) como tentativa de neutralização da potência ambivalente do texto escrito. A cena de rebaixamento da escrita que acabamos de ler com Derrida, sob forma de recalque-repressão, constitui um lance fundamental do "teatro filosófico" como dobra do texto-tecido de Sócrates-Platão, e como apresentação de uma *cena de família*, de pai para filho. Uma *cena de herança* potencialmente aviltada pela bastardia de uma órfã, a escrita.

A cena da escrita do *Fedro*, que Derrida articula a diversos outros textos de Platão, é uma *cena de fundação* da instituição filosófica enquanto discurso da verdade. E o valor de verdade é orientado pelo privilégio da presença viva, tal como acabamos de apontar. A *desconstrução* seria então, num certo sentido, um conjunto em aberto de dispositivos que os textos de Derrida agenciam a fim de levar o discurso metafísico a seus impasses, um destes sendo o fato de o texto platônico se dar como texto escrito no momento mesmo em que condena a arte da escrita. Porém, em vez de pensar a desconstrução como um método fixo, dotado de regras específicas e exauríveis, cabe pensá-la como um processo alocado no próprio texto de

Platão, processo este indecidível entre escrita e fala. A desconstrução é um processo geral da própria cultura ocidental e mundial, e tem a ver com a possibilidade do advento do outro e da diferença no discurso metafísico, o qual gostaria de se dar como uno e idêntico a si mesmo. Nesse sentido, ela diz respeito a recalques históricos que resultaram no *etnocentrismo* da cultura européia, em relação ao qual o texto platônico seria até certo ponto *sintomático* — essa é uma das linhas de força interpretativas da *Gramatologia*. Ao romper com a lógica da não-contradição filosófica, indecidíveis como escrita/escritura, *phármakon*, *khóra*, *différance*, dentre outros, abrem a filosofia para o que sua tradição de pensamento recalcou, reprimiu, obliterou, em suma rebaixou.

A tradução preferencial de *phármakon* por "remédio", a despeito mesmo da positividade aparente do sentido, *significa*, em última instância, a violência do julgamento da escrita pelo tribunal socrático. A escrita é o que faz perder-se o sentido ideal do *eîdos* e a essencialidade da *ousía*, a presença viva, não-contingencial, absoluta. Reconhecemos nessa cena fundante e fundamental do platonismo algumas das determinações do "saber absoluto", como Hegel desenvolverá no século XIX, e que Derrida desconstrói em *Glas*, de 1974, — esse "dobre de finados" (*glas*, em francês) da dialética, seja socrática, seja hegeliana. A decisão de traduzir o termo em apenas um dos seus sentidos (nas traduções francesas, por exemplo) *repete* o valor de decidibilidade do próprio *lógos* filosófico como representado na cena entre Thoth e Tamuz.

Se a palavra não se tivesse revestido de uma conotação excessivamente negativa, a melhor tradução para o *phármakon* seria "droga" (veneno/remédio). Mas o autor de "A farmácia de Platão" reconhece a dificuldade de tradução de um quase-conceito que diz respeito à *passagem* para a própria filosofia. Em outras palavras, a "manipulação" a que é submetido o *phármakon* no *Fedro* significa a possibilidade de tradução (no sentido amplo, impróprio e figurado do termo) de uma palavra corrente num determinado idioma em filosofema, em conceituação filosófica. O caso do *phármakon* não é um exemplo dentre outros porque nele se joga toda a possibilidade de tradução *interna* da língua natural grega em língua de filosofia, engendrando uma *tradição* de leituras a ser repetida tempos afora. Essa tradução redutora é um dos efeitos mais potentes do próprio platonismo.

Phármakon é ao mesmo tempo, e paradoxalmente, o signo do que *resiste* à interpretação filosófica, do que não pode ser inteiramente *compreendido* pela tradição, e do que torna possível a instituição da filosofia enquanto discurso metafísico. É através do *phármakon*, e de suas traduções enquanto atos performativos de linguagem, e não simplesmente *contra* ele, que o *logos* filosófico encontra, a um só tempo, sua fundação e seu fundamento no elemento da idealidade. Ao oferecer a escrita como um bem, Thoth está ofertando um "presente envenenado", pois este ameaça envenenar a presença viva do Deus-Rei-Bem-Sol-Pai-Capital, Tamuz ou Amon-Rá, deus supremo da mitologia egípcia tal como "pintada" por Sócrates. Ao termo *phármakon* se relacionam mais três outros da língua grega, *pharmakós* (bode expiatório), *pharmakeús* (mago, feiticeiro, envenenador, manipulador da "farmácia"), *Pharmakeía* (que designa tanto o nome próprio da ninfa citada no início do *Fedro* quanto o nome comum da "administração do *phármakon*" e mesmo o "envenenamento"), compondo uma rede complexa, totalmente correlacionada às forças interpretativas que viemos destacando.

Khôra, arquiescrita, rastro. Com relação aos indecidíveis, Derrida chama a atenção para que não sejam tomados isoladamente, como abstrações, mas que sejam lidos numa cadeia de outros signos e dentro de certos contextos. O que distingue os indecidíveis é escaparem ao imperativo da definição filosófica, cuja pergunta fundamental seria: *o que é?* A escrita-*phármakon* se furta a uma resposta a essa indagação, não tendo uma essência estável nem constituindo uma substância. Nem é ela tampouco uma síntese dialética de elementos díspares. Simplesmente se furta a qualquer caracterização unificada: tal como designação de *khóra* (lugar, localidade) do *Timeu* de Platão, que não é inteligível nem sensível, nem ativa nem passiva, nem presente nem ausente, sinalizando antes para um "terceiro gênero", irredutível à lógica da não-contradição filosófica. No jogo dos indecidíveis, uma coisa sempre se relaciona afirmativamente com seu contrário, abrindo-se ao advento da alteridade absoluta, para além da determinação histórica mesma dos *gêneros*, fundada no *génos* grego (indicativo da produção, do engendramento, da geração e conseqüentemente da filiação).

É por esse motivo que Derrida vai introduzir, na *Gramatologia* e em *A escritura e a diferença*, a noção de arquiescrita — ou arquiescritura, já que o termo francês *écriture* permite a dupla tradução por escrita ou escritura. Conforme se queira enfatizar o sentido mais elementar do termo, o "de texto escrito", a tradução mais adequada seria "escrita". Se há o desejo de reforçar o aspecto alegórico, "escritura" remete à metáfora bíblica das Sagradas Escrituras, do documento jurídico etc. Porém, notemos que esses dois termos são até certo ponto intercambiáveis e o ideal é jogar com eles, dependendo do contexto e da ênfase que se queira dar.

A arquiescritura, portanto, é um operador textual que serve para pensar a *origem* comum do discurso oral (o *lógos* da tradição filosófica) e do discurso escrito (a escrita-*phármakon*), implicando uma forte indecidibilidade quanto ao funcionamento da linguagem. Para Derrida, há sempre algo de "escrito" em toda fala e há algo de "oral" em todo escrito, e muitas vezes os dois registros se acoplam na escritura derridiana, com sinais evidentes de que se trata originalmente de um seminário, uma aula, uma conferência, todavia *escritos*, impressos, difundidos por diversos meios.

Mas Derrida chama atenção para o fato de que o valor de *arkhê* (grego, "o que está na frente", donde começo, origem, princípio; *figurado* princípio, fundamento, e ainda poder, autoridade não deve ser tomado como um simples ponto de partida, mas como uma *hipótese de leitura performativa* para aquilo que já é dúplice desde a origem, nem fala, nem escrita; nem ativo, nem passivo; nem presente, nem ausente. Ou seja a *arkhê* grega comparece na escrita derridiana sob forma de *rasura*, não detendo uma identidade em si mesma nem correspondendo a uma essência, ainda que fosse a mais original de todas.

Arquiescrita indicia mais do que um nome; sinaliza a condição de possibilidade da própria significação enquanto tornar-se signo do traço ou do rastro (*trace* em geral. "Tornar-se" (*devenir*) aqui somente quer dizer possibilidade de inscrição. Basta que alguma coisa se inscreva para que seu rastro *reste*, correndo sempre, é claro, o risco de um apagamento posterior. Enquanto resto, diz Derrida em *Papel-máquina*, o rastro é por definição finito, delével, embora tudo se faça para que sua inscrição dure, permaneça, resista. A restância do rastro é o índice mesmo de sua resistência.

A realidade da coisa é o próprio rastro. A "coisa em si" (o *eîdos* ou a *ousía*) nunca existiu, pois o que sempre ocupou o lugar da origem nada mais foi do que rastro, isto é, a *marca* de uma inscrição "arcaica" (sob rasura) que não se deixa mais apreender na oposição presença/ausência, mas a precede como meio (*milieu*) indecidível. Assim, o valor geral de escrita (ainda de certo modo preso à oposição com a fala) se deixa apreender pelo valor inaugural de arquiescrita, incluindo-se nisso a própria *phoné*, a pretensa voz autoral como fator de intencionalidade una e homogênea. Assim, a arquiescrita inverte e desloca os valores tradicionais do logocentrismo e do fonocentrismo, deslocando-os para um outro horizonte, o espaço reinventado da alteridade.

A questão da literatura

O quiasma. Enfatizemos o fato de não haver oposição entre *phármakon*, fala-e-escrita (arquiescrita), rastro, *grammé*, de um lado, e logocentrismo, fonocentrismo, falocentrismo, *arkhé*, *ousía*, *eîdos*, do outro. Os primeiros são mais abrangentes, e sua estranha lógica (sob rasura) inclui e vai além dos conceitos metafísicos. Derrida recorre a um *quiasma*, figura de cruzamento calcada na letra grega *khi* (*X*), para indicar que essas duas lógicas se cruzam, sem que se reduzam uma à outra, pois uma das pontas da bifurcação (a dos indecidíveis) vai mais longe, excedendo os limites da conceituação metafísica.

Desenvolvendo este argumento, haveria como que a história em aberto de um *corpus* dito metafísico, cujo modo de funcionamento se dá por meio do que se chama de *estrutura centrada*, indicativa de um fechamento (*clôture*). A "metafísica da presença", como visto, supõe a existência de centros, que em princípio seriam fixos, permanentemente remissíveis em sua articulação, mas que paradoxalmente se deslocaram através do tempo, foram reconceituados e se multiplicaram, quando gostariam de ser únicos. Na verdade, para ser realmente centro era fundamental que houvesse um e somente um, cujo nome, exclusivo, seria soberano em relação a qualquer outro.

Porém, o fato é que o nome desses centros, segundo o famoso ensaio de *A escritura e a diferença*, "A noção de jogo, signo e estrutura no discurso das ciências humanas", variou enormemente ao longo da história da metafísica ocidental;

alguns deles foram citados acima: *ousía*, essência, *arkhé*, *télos*, *enérgeia*, Deus, homem etc. Assim, se o nome do centro mudou é porque ele não é nem absoluto, nem fixo, e menos ainda homogêneo, auto-identificado a si mesmo. Se, igualmente, esses nomes de centro se inserem numa cadeia de múltiplas substituições, de marcas que se transferem, intertraduzindo-se entre sistemas diversos, é porque se sustentam numa rede conceitual intrincada e sem limites definidos. Eles seriam como que "nós" problemáticos — no sentido *quase* psicanalítico do termo —, "nós" que organizariam o texto daquilo que se faz por meio dos acima nomeados três preconceitos da metafísica: o logocentrismo, o falocentrismo e o fonocentrismo. Estes, por sua vez, são informados pela lógica do complemento.

Essa lógica opositiva (bem/mal, presente/ausente, superior/inferior etc.) e centrada do complemento estruturaria o texto da dita "metafísica", designação esta radicalmente problematizada por Nietzsche, o qual buscou reverter o platonismo. Tal como Heidegger propôs uma *Destruktion* da herança metafísica de Platão e de Aristóteles.

Cruzando-se com esse processo de ordem metafísica, haveria o outro processo e a outra lógica, por assim dizer, incomensuráveis. Essa outra é a que Derrida nomeia como lógica do suplemento, sendo um de seus rastros ou vestígios o fato de se pautar não por uma estrutura centrada mas por uma estruturalidade múltipla, descentrada, cujos nomes *indecidíveis* Derrida refere como escrita/escritura, subjétil, traço, vestígio, rastro, *grammé*, numa série sem fim e segundo uma sintaxe textual. A "estruturalidade da estrutura" desconstrutora passa pela necessidade de assumir diversas estratégias discursivas, de não se fixar numa atitude única, ainda que seja a mais pertinente, de assumir posições e compromissos ou engajamentos politicamente diferenciados.

Tudo isso tem paradoxalmente como "horizonte último" a possibilidade de pensar o impensável: o advento de uma alteridade radical, advento do que já está aí, que nos constitui mas que foi de algum modo *recalcado* historicamente. Daí a necessidade imperativa de *tradução*: como não há mais uma língua única (a da chamada linguagem metafísica, aparentemente colocada acima de todos os idiomas) para a qual tudo deva ser traduzido, resta apenas *um processo geral de tradução*. Traduz-se sempre, a partir de "idioletos", códigos pessoais de toda ordem, que se tentam compartilhar. Traduzir é aceitar compartilhar, negociar, transitar, abrir canais de comunicação na direção do outro, transferir nomes, paixões, lugares de fala e de escrita.

A série dos indecidíveis é desproporcional em relação à dos centros da metafísica: essência, presença, *lógos*, verbo. Não há, pois, intercâmbio simples entre os indecidíveis e os nomes dos centros que seriam como conceitos a se desenvolverem linearmente, segundo a organicidade sonhada por Aristóteles ou, posteriormente, segundo a fenomenologia do espírito de Hegel. Por vocação, as conceituações centralizantes da tradição metafísica são expostas por meio de teses, noções e categorias que sonham com uma unidade ideal, visando assim a uma decisão simples entre os pólos opositivos, de modo a estabelecer afirmações *téticas*, de tese. Já os indecidíveis, como visto, só se deixam apreender em *rede*, no jogo de uma sintaxe articuladora de sentidos não-lineares e não-fixos, não se submetendo a decisões simples, ao contrário, exigindo a decisão no limite do impasse e até mesmo da impossibilidade, como enfatiza "*Lettre à un ami japonais*", de *Psyché* (1987).

Mas interessa acrescentar nesta altura que não se deve imaginar o valor de indecidibilidade reduzido a uma ambivalência paralisante. Para Derrida, a verdadeira decisão começa quando falta uma escolha prévia, entre os caminhos oferecidos. A situação *aporética* deve ser resolvida como reinvenção ética de relação com o outro e com a diferença. Derrida não se cansa de repetir que ali onde a decisão parece impossível, quando o sujeito se encontra preso a um *double bind* ("dobradiça", "dupla ligação"), é que há decisão de fato. E, como explicita *Papel-máquina*, isso não exclui uma certa *passividade*, pois a decisão se faz por meio do outro, do modo como esse outro "atua" em mim, deixando a marca de seu rastro ou vestígio. A decisão desconstrutora é, portanto, indecidível entre passividade e atividade, atingindo as paragens de um limite.

Para Derrida, um limite é aquilo mesmo que não se toca, porque nunca se presentifica de todo, mas que *faz pensar*. Só há *pensamento* de fato quando se atingem certas fronteiras do que historicamente se nomeou cultura no Ocidente, mas o problema é que uma fronteira é o que sempre se divide, deslocando-se, no momento mesmo em que se parecia tê-la alcançado.

A desconstrução tem a ver, portanto, com um processo de descentramento, e segundo Derrida passa por diversas questões de tradução cultural, de um contexto a outro. O modo mesmo como, desde Platão, a filosofia se organiza enquanto linguagem dos conceitos corresponde a uma tradução da linguagem corrente ou "ordinária" (como se diz na teoria dos atos de fala) em linguagem filosófica. Na citada "Carta a um amigo japonês", Derrida explica que a palavra "desconstrução" se lhe impôs sobretudo na *Gramatologia*, mas ele mesmo não tinha certeza de sua existência em francês. O termo surgiu como tentativa de traduzir as designações heideggerianas *Abbau* e *Destruktion*, as quais ele evitou transcrever como "destruição", a fim de evitar a conotação niilista.

Uma das forças da desconstrução foi justamente a desmobilização que nos anos 1960 Derrida propôs de certos modelos cientificistas, os quais imperavam na ciência da linguagem. Tratava-se de uma reproposição do paradigma estruturalista, o qual trazia de volta, de maneira impensada, as oposições conceituais da metafísica. Exemplo disso seria a oposição entre cultura e natureza, que Claude Lévi-Strauss mantém como instrumento operatório, a despeito de descreditar seu valor de verdade. Derrida procura demonstrar que o uso ingênuo de conceitos filosóficos pode acarretar justamente a repetição de filosofemas com todas as suas determinações metafísicas.

Ele observa ainda que não se pode virar a página da filosofia, mas que é preciso lê-la de outro modo, imprimindo-lhe a marca de uma diferença. É essa leitura diferencial da textualidade filosófica que orienta a escrita derridiana. Mas Derrida tem o cuidado de separá-la de uma crítica, no sentido kantiano, no qual ela guarda o sentido etimológico de um julgamento e de uma decisão, que em última instância remetem ao valor da definição, ao "o que é" da dialética socrático-platônica.

Numa tentativa de apontar *o que a desconstrução não é*, Derrida indica "isso desconstrói" ou "isso está em desconstrução", para sinalizar o processo que não é nem objetivo, neutro, impessoal, nem subjetivo, egóico, pessoal; nem passivo, nem ativo. A desconstrução ou, como ele prefere, as desconstruções podem ocorrer nos mais diversos contextos e independentemente dos textos de Derrida. Assinalemos que, num certo sentido, o processo atual de transformação das novas tecnologias pode ser indicativo de uma desconstrução em curso das estruturas tradicionais de produção, reprodução e circulação do saber. A multiplicação das formas de arquivamento acompanha a perda de um centro único de controle total da produção do conhecimento, tal como esta se dava nas instituições tradicionais, universitárias ou não.

Todavia, citamos este exemplo como *hipótese* — e a desconstrução lida sempre com hipóteses —, pois novas formas de reapropriação e recentramento institucionais podem igualmente estar ocorrendo hoje no que diz respeito às novas tecnologias, à Internet e à virtualização geral da cultura. Como a desconstrução ocorre em contextos específicos, não podemos nunca fazer uma afirmação generalizada sobre seus processos e efeitos, ignorando o momento histórico, as forças em conflito, os pontos de deslocamento etc.

A cena da poesia. Leiamos agora, ainda que de maneira breve, a cena da poesia na *República* de Platão, a fim de entendermos algumas das determinações do platonismo que os textos de Derrida procuram desconstruir. É nessa cena que se dá o que Derrida nomeia como *mimetologismo*, ou seja, a interpretação metafísica da *mímesis*, que tentaremos aproximar da cena do rebaixamento da escrita, performada no *Fedro* e desconstruída em "A farmácia de Platão". A história da tradução desse termo grego *mímesis* se confunde com a história mesma da cultura ocidental. "Imitação", "representação", "recriação", "invenção" são traduções dotadas de uma história complexa e impossível de resumir em poucas linhas. *Mímésis* deriva do verbo *miméómai*, imitar (tanto no sentido físico quanto no sentido moral), e ainda "imitar por meio de pantomimas". Mas a tradução por "imitar" já tem o dado complicante de se revestir muitas vezes de um valor negativo — o qual faz parte do próprio platonismo, como um de seus mais poderosos efeitos.

O julgamento da *mímesis* começa nos livros II e III da *República*, embora o momento privilegiado pela crítica seja o do livro X, em que é decretada a sentença definitiva contra a poesia ou a *mímesis* poética. O argumento de Sócrates é tanto moral quanto epistemológico, pois ele recorre a uma fundamentação ontológica para demonstrar como a *mímesis* transmite um falso conhecimento e, portanto, é incapaz de dar conta da realidade e sobretudo de formar cidadãos de maneira adequada. O famoso argumento dos três leitos, ou das três camas, é decisivo para essa avaliação.

O ponto fundamental da interpretação de Derrida sobre a *mímesis* em Platão é justamente o de considerá-la em toda sua complexidade e não-homogeneidade, exatamente como no caso da escrita. "La double séance" ["A dupla sessão"], ensaio correlato de "A farmácia de Platão", ambos publicados em "La dissémination", desenvolve uma leitura da cena de julgamento da *mímesis*. Tal como *phármakon*, trata-se de uma palavra corrente no grego contemporâneo a Platão, mas que em seus textos recebe um tratamento altamente diferenciado, ganhando todos os contornos de um filosofema. Entretanto, o fato de se ter um mesmo nome referido a um conjunto de práticas históricas não garante necessariamente a unidade do conceito. A unidade da *mímesis* é quebrada internamente, não só pela evidência de a conceituação se transformar de um diálogo para outro (do *Ion* para o *Crátilo*, de *O Banquete* para *A República*, do *Fedro* para o *Sofista* etc.), mas como e principalmente pelo fato de num mesmo diálogo ela ser submetida a um jogo intrincado de definições, comentários e exemplificações que de modo algum escapa à contradição, como resume muito bem a nota 8 de "A dupla sessão".

Anotemos de passagem que, para Derrida, as notas de pé de página têm uma função estratégica decisiva. Há inúmeras espalhadas em seus textos, tanto como auto-referência quanto como remissão a textos de outros autores. A um tal ponto que ele diz que, para quem sabe ler, as notas e as epígrafes "às vezes importam mais do que o texto dito principal ou capital". Assim é que em nossa breve releitura da cena da *República* seremos orientados pela referida nota 8.

O critério interno que até certo ponto unifica o conceito platônico de *mímesis* é o da própria *verdade*. Foi a *genealogia* moral, política, estética e principalmente onto-lógica desse supravalor que foi possível traçar, a partir, por exemplo, da cena do rebaixamento da escrita no *Fedro* e, como será possível rever no julgamento da *mímesis*, levado a cabo por Platão em *A República*. Cabe apreender tal valor de verdade naquilo que ele intenta unificar, o conceito de *mímesis*, garantindo no mesmo lance a unidade do conceito metafísico de poesia, a *poíesis* dos gregos.

A condenação da mímesis será pronunciada em todos os seus termos no livro X da *República*. No começo deste último livro, a condição para evidenciar o perigo que está em causa, e portanto legitimar a necessidade da censura, torna-se a de definir *o que é a mímesis*. Tal como no caso da escrita, o valor ontológico de "o que é" fornece todo o pressuposto judicativo implicado nesta outra cena de julgamento. A argumentação de Platão será dupla e complementar nessa altura do diálogo. A poesia dita mimética será julgada tanto pela *proximidade* ou *afastamento* que acaso tenha para com a verdade, quanto pelo *grau de conhecimento real* que possa transmitir, revelando-se ou não moralmente útil para a cidade.

Se nos livros II e III se tratava de condenar a tragédia e a comédia pelo conteúdo de suas representações, no último livro é sobretudo a *técnica* a que recorrem que é chamada à barra do tribunal ontológico. Consideremos então a famosa "ordem dos três leitos", que serve para situar o lugar da *mímesis* em geral, mas que tem como alvo imediato a tragédia e a comédia, formas bastante próximas dos diálogos de Platão. Como toda definição é uma questão de conteúdo e de forma, Sócrates, complementando seu gesto dos livros anteriores, passa a descrever o tipo de objeto que a técnica da *mímesis* é capaz de produzir. Para isso, ele recorre ao paradigma pictórico dos três leitos.

O esquema platônico distribui os leitos ou camas na seguinte ordem: primeiro haveria o leito feito pelo Criador de todas as coisas, o "*phytourgós*: autor da *physis* — como verdade — do leito", diz Derrida em "A dupla sessão". Em seguida, viria o marceneiro produzir uma cópia desse "leito real"; esse operário serve à *realidade das coisas* e ao *rei* que as criou. Por fim, apareceria o pintor, efetuando uma cópia da cópia produzida pelo marceneiro a partir do modelo primitivo e divino. É interessante observar como a *mímesis* já está instalada desde o trabalho do marceneiro mas, devido à suposta proximidade em relação à forma-modelo, sua obra é bem aceita, e até mesmo admirada. Inaceitável mesmo é o leito do pintor, que ocupa "o terceiro lugar na série, a começar do rei e da verdade".

Notar ainda que aqui não se trata de nenhuma metáfora, mas de "entes" (ónta, as obras da marcenaria e da pintura) referidos à imagem da "própria coisa", a "o que é" (seu *eîdos* divino). A pintura fornece o modelo para julgar a *mímesis* em geral. O recurso ontológico da definição, expresso na "ordem dos três leitos", encontra na relação para com a verdade a condição de possibilidade do legítimo conhecimento. Sócrates tem o cuidado de fazer a distinção entre a obra do divino criador, a do operário e a do pintor enquanto "mimetizador".

Segundo essa ordem, a *mímesis* está condenada a uma *mediação representativa.* Produzindo a "cópia da cópia", que em grego se diz *phántasma*, traduzível por "simulacro": o pintor não mantém nenhuma relação com *o que é* o objeto, com "o leito em si mesmo", com sua essência, mas sim com a aparência do leito produzido pelo marceneiro. O paradigma dos três leitos utiliza o pintor para sublinhar a *impotência epistemológica* daquilo que a *mímesis* em geral produz. Se o marceneiro, para criar sua "mesa" ou seu "leito", volta o olhar para a forma (*eîdos* ou *idéa*) do leito e da mesa como criada pelo divino artesão, o simulacro do pintor nada faz além de repetir uma apresentação anterior da verdade (*alétheia*) desses objetos sem nenhum conhecimento do que ela realmente é.

Há, portanto, *duas ordens de repetição.* Uma boa porque próxima da fonte que a inspirou, e outra má porque distanciada dessa mesma fonte na medida em que é incapaz de reproduzir a realidade (*phýsis*) mesma da coisa, limitando-se a um puro jogo de aparências e simulações. A dúvida que se coloca é a de saber qual a diferença efetiva entre esse "fazer aparecer" do marceneiro e o "fazer re-aparecer" do pintor, se ambos são formas de *mímesis*? Onde está a garantia de que uma aparência é conseqüente e a outra não?

O que, no plano da realidade, permite uma decisão clara e inequívoca quanto à oposição entre o falso (e seus correlatos: o sensível, o instável etc.) e o verdadeiro (idem:

o inteligível, o permanente etc.), estabelecendo uma hierarquia conflituante entre os dois termos da série?

Vem, assim, ao palco um dos temas da *mímesis* em Platão, conforme descrito na nota 8 de "A dupla sessão", o da duplicidade da produção mimética, que cria todo tipo de dificuldade para as classificações filosóficas. A ordem dos três leitos fornece, pois, o argumento "clínico" e "crítico" para se avaliar a real possibilidade de conhecimento dos mimetizadores em geral, a partir dos critérios estabelecidos pelo valor de verdade como referência a uma presença original e plena.

O problema da representação pictórica (*zoographía*, desenho do vivo) é, pois, o mesmo de toda *mímesis*, ou seja, uma incapacidade congenial, ligada à sua técnica que apenas mimetiza o trabalho de um outro, este sim legítimo operário. A pintura não passa de representação das *aparências* do que é vivo e real, sendo constitutivamente desprovida de realidade ou vida própria. Julgamento idêntico atinge os poetas, nesse jogo de intertroca de papéis, que faz a poesia se medir a essa outra arte suprema do falso, a pintura. Trata-se de demonstrar com todas as letras a falsidade da opinião que considera que Homero e os outros poetas, segundo Sócrates, "conhecem todas as artes e todas as coisas humanas em sua relação com a virtude e com o vício, bem assim como as coisas divinas".

A reflexão recai quanto a saber se alguém que pudesse efetivamente escolher entre fazer o objeto ou sua imagem optaria pela segunda, como é o caso dos poetas. Se eles realmente dominassem algum conhecimento sobre qualquer ofício, procurariam realizá-lo e não reproduzi-lo através de simulacros.

O *modelo da pintura* reaparece para enfatizar toda a falsa virtude dos poetas, impotentes em desempenhar qualquer tarefa com a justeza de quem conhece o que faz. É como se apenas pudesse ter acesso a um mínimo de verdade o indivíduo que fosse capaz de dar conta de algum ofício de forma exclusiva. Sendo aquele que "pinta" com palavras, das três funções correspondentes a cada objeto os poetas só conhecem a *mímesis*, ignorando a fabricação e o uso. Somente resta, pois, a Sócrates e seus interlocutores concordar sobre a desqualificação da *mímesis* como forma real de conhecimento, reduzindo-a a uma brincadeira de crianças, desprovida de toda seriedade, e por conseguinte afirmar que "os poetas trágicos, quer escrevam em versos jâmbicos, quer em heróicos, são todos eles [mimetizadores] no mais alto grau".

O julgamento deverá ser concluído com a demonstração da incapacidade moral da poesia, que só tem comércio com o elemento mais baixo da alma, procurando sempre agradar à multidão com a representação dos maus caracteres, e não dos caracteres serenos, mais difíceis de serem assimilados. Diferentemente de Aristóteles, que interpretará os efeitos excessivos da *mímesis* poética como possibilidade benéfica de catarse, Platão censura a representação das paixões, pois estas interagem com o elemento irracional da alma, dando margem à confusão ou à indistinção entre o pequeno e o grande, gerando uma aparência de verdade e fazendo perder-se a verdade mesma.

Para proclamar seu veredicto, Sócrates não nega a excelência de Homero como um dos maiores poetas e o "primeiro dos poetas trágicos", mas recusa na mesma fala qualquer valor pedagógico à obra homérica na formação da Grécia, admitindo na cidade ideal apenas os hinos aos deuses e os elogios das pessoas de bem. Essa é a conclusão da cena de julgamento da *poíesis*, fazendo com que a sentença proferida contra a *mímesis* poética seja mais do que um artifício de retórica.

Tal como na cena da escrita do *Fedro*, a *poíesis* é condenada na *República* por ser incapaz de dar conta do valor de verdade como presença, como referência ontológica a "o que é". De algum modo, escrita e poesia, *grammé* e literatura desconstróem o valor ontológico da verdade e por isso são violentamente condenadas. O que Derrida nomeia como a potência do simulacro consiste em não se deixar determinar pelo dogma da Referência, seja ela empírica, seja transcendental. A poesia é o que, desde pelo menos os gregos, não se deixa orientar pelo mito de uma origem simples, auto-referida, a ser teleologicamente reencontrada. Para Derrida, se origem há, esta é desde sempre dividida, dúplice, repetida, jamais pontual ou simples.

O *mimetologismo* denunciado por Derrida seria, assim, a tentativa de rebaixar a *mímesis* em geral e a *mímesis* poética em particular. Essa interpretação metafísica da *mímesis* teve várias conseqüências no tecido da cultura ocidental.

A herança platônica. Assim, Derrida propõe leituras do discurso filosófico a partir de suas margens, de seus limites internos que se comunicam com seus limites externos, culturais. Isso é o que expõe cabalmente a leitura da escrita-*phármakon* enquanto recorte de uma cena final, aparentemente um apêndice do *Fedro* de Platão, como visto em relação a "A farmácia de Platão". A metáfora da "farmácia" nomeia o laboratório de criação dos conceitos platônicos que serão repetidos nos séculos vindouros, seja para reafirmá-los, seja para negá-los, mas dificilmente escapando-lhes. Igualmente, o julgamento da *mímesis* repete à distância as determinações metafísicas do rebaixamento da escrita. Nesse sentido, a história da tradição filosófica é a história, não-linear nem homogênea, da recepção dos textos de Platão. E o que Derrida intenta é justamente imprimir uma pequena marca nas *margens* dessa textualidade, a fim de demonstrar como ela compõe com o heterogêneo, aquilo que não é ela, a alteridade irredutível às teses platônicas, e que os indecidíveis *phármakon* e *mímesis* sinalizam.

Dentro dessa perspectiva, "A farmácia de Platão" encena também, a seu modo, a *recepção* da máquina discursiva platônica, mas enquanto conjunto mais ou menos regulado de atos *performativos* de fala e escrita, e não como discurso portador de uma única tese, aquilo que a tradição nomeou como o querer-dizer, a significação última ou a intencionalidade geral do pensamento platônico.

No livro *Quando dizer é fazer*, Austin estabelece a distinção entre enunciações ou enunciados constatativos e enunciações ou enunciados performativos. O primeiro tipo, o do enunciado constatativo, corresponderia à sentença afirmativa (*statement*), objeto clássico da análise filosófica, informando também a maior parte dos enunciados teórico-críticos. Já os performativos constituem verdadeiros *atos* de linguagem, ou seja, configuram sentenças que *realizam algo* no ato mesmo de dizer ou enunciar. Esses enunciados seriam marcados pelo uso da primeira pessoa do indicativo presente e se caracterizariam pela *intencionalidade* do falante.

Trata-se não mais, simplesmente, de entender a comunicação como transmissão de um significado, mas como movimento "original", isto é, uma *operação* que resulta num determinado efeito. Um dos exemplos arrolados por Austin é o da situação em que se inaugura um navio, dizendo "Batizo este navio *Queen Elizabeth*". Outro exemplo seria o da situação solene em que o juiz pronuncia: "Declaro aberta a sessão."

Segundo Derrida, a insistência em trabalhar com os performativos se baseou na consideração da comunicação como um *ato intencional* de discurso acontecendo na *situação total* em que se encontram os interlocutores. As premissas da argumentação de Austin, principalmente a noção de contexto total, levam Derrida a analisar como fundamental a função comunicativa assim indiciada.

Nesses enunciados, em vez de um simples valor descritivo, ao qual se aplicasse a sentença de falso ou verdadeiro, *enunciar é fazer*. Como se um "eu faço" estivesse implícito em cada um desses "atos de fala" ou "de discurso". Para Austin, seriam fadados ao fracasso os enunciados destituídos de intencionalidade e de sinceridade. No ensaio "Assinatura acontecimento contexto", de *Margens*, e no livro *Limited Inc.*, Derrida tira o máximo proveito dos performativos, embora questione o dogma da intencionalidade e a oposição mesma entre performativos e constatativos.

Voltando agora à leitura de Platão, observemos que Derrida procura interromper o funcionamento performativo da máquina a partir mesmo de uma de suas peças, a escrita-*phármakon*, por exemplo, que por sua indecidibilidade pode ajudar a reverter certos *efeitos* do platonismo, fazendo a dupla Sócrates-Platão dizer o que jamais diria, interferindo no dogma da intencionalidade. Reencenar o platonismo abrindo-o para sua diferença, deslocando o horizonte de expectativa de sua recepção performante, eis a proposta em aberto da desconstrução, marcada por um outro valor, o da *différance*, que comentaremos em seguida.

A cena do julgamento da escrita, no *Fedro*, e a da *mímesis*, na *República*, são cenas de fundação do discurso filosófico enquanto discurso da verdade. Cenas estas que se fundamentam numa ontofenomenologia. São atos de fala que performam, realizam aquilo que dizem, tal como Austin define os performativos. Derrida não *analisa* (decompondo o discurso em elementos mais simples) nem *critica* (julga, decide sobre o valor e o sentido), mas mobiliza forças no texto platônico que programam o jogo de suas leituras futuras. E ao sinalizar tais forças, surge a possibilidade de um novo evento, o de sua desmobilização criadora, sem cair em niilismos. Daí a desconstrução jamais dever ser compreendida como *destruição* do platonismo, o que seria ingênuo e previsível na ordem mesma da tradição platonista. Ela seria mais uma transformação textual como resultado da ultrapassagem de certas fronteiras.

O legado de Derrida seria, pois, o de repensar a herança platônica enquanto formatadora das leituras do próprio Platão e de suas teses. Como se as cenas do julgamento da escrita e da *mímesis* montassem as peças de uma máquina que funcionará como o próprio platonismo. Trata-se evidentemente de uma máquina multi-estratificada, que implica diversas funções, das quais uma das mais importantes seria justamente o surgimento de antiplatonismos, dentro de uma história que tem muito da própria dialética.

Muito longe de representar um antiplatonismo a mais, a desconstrução seria antes uma hipótese, no limite da paródia, para pensar o impensado da tradição filosófica. A fim de viabilizar o advento do *outro* na textualidade metafísica, foi preciso repensar os próprios mecanismos discursivos que sustentam os textos de Platão-Sócrates, dentre eles o imperativo ontológico da definição, "o que é".

Interferir na cena, mostrando seus bastidores e componentes essenciais, reencenando o drama platônico de forma paródica, tem como resultado propor uma outra discursividade, não-linear nem orgânica, mas pensante, na medida mesma em que reflete e abala as fronteiras entre o enunciado performativo e o constatativo. Para Derrida, onde há discurso há ato, e no limite fundação instituinte de uma discursividade, como foi o caso da filosofia ocidental no espírito da Grécia, berço do platonismo-antiplatonismo metafísico.

A différance. A *différance*, nos textos performados por Derrida como leituras múltiplas da tradição filosófica, se alinha aos outros indecidíveis capazes de abrir para o horizonte da alteridade. Já houve várias tentativas de traduzir o termo para o português, tais como "diferência", "diferaença", "diferensa", "diferança", dentre outras. Todo o problema da tradução reside na dificuldade de reproduzir em português a rasura que Derrida imprime no termo francês "*différence*", normalmente grafado com "e", e que em "*différance*" vem grafado com "a". Tal *diferença* é estritamente gráfica, pois do ponto de vista fonológico não há como distinguir as duas pronúncias. Essa foi uma maneira encontrada por Derrida para inverter o privilégio metafísico da *phoné*, obrigando a que *se leia* para perceber a distinção entre os dois termos. A *différance* é legível, mas não audível. Há ainda outras vantagens trazidas pela rasura da *différence*, dentre elas a de a terminação "*ance*" remeter a uma voz média, nem ativa, nem passiva, indecidível, pois.

Derrida procura igualmente resgatar a dupla semântica do verbo *differre* latino. Um dos sentidos do francês *différer* é diferir, demorar, dilatar, adiar, prorrogar, delongar, esperar, aguardar. Derrida dá a toda essa significação o nome correlativo de *temporisation*, palavra que vem do verbo *temporiser*. ("Diferir", "temporização" e "temporizar" — protelar, chegar a um acordo, contemporizar, esperar ocasião mais propícia — seriam os equivalentes em português.) É esse sentido "temporizador" que não se encontraria no *diapherein* grego, fazendo com que o *differre* latino signifique algo além da simples tradução de uma língua mais filosófica (o grego) numa língua menos importante para a pesquisa das essências (o latim). Temporizar é diferir por meio de um desvio econômico, aceitando conscientemente ou não a mediação temporal que suspende a realização de um desejo ou de uma vontade.

O outro sentido para *différer* já se encontra na raiz grega do termo: ser outro, não ser o mesmo, ser diferente, dessemelhante. Derrida sublinha que em francês os "diferentes" podem ser tanto escritos com um *t* (*différent*) quanto com um *d* (*différend*): o primeiro indicando a alteridade como dessemelhança (*distinção* qualitativa ou quantitativa) e o segundo, como polêmica (divergência de opinião, dissensão, "guerra".

A esse *différer* Derrida faz igualmente corresponder o *espaçamento*. A nuança aqui está no *intervalo* e na *distância* entre os elementos distintos. A *différance* assinala a plena convergência da temporização e do espaçamento. Tempo e espaço são constitutivamente dependentes, um não existe sem o outro, um *se torna* ou *devém* o outro. Simultaneamente, interrompe-se a concepção ocidental de que os "diferentes" têm que ser necessariamente opositivos e hierarquizados. No regime da *différence*, um elemento só ganha existência na perspectiva de um outro que o antecede, do qual propende, e de um terceiro, que o sucede. Na cadeia de remissões, um se faz como traço diferido do outro, como os *fonemas* que se diferenciam através de pares não necessariamente opositivos, mas sim em função de feixes de traços distintivos. Rompe-se assim também com a lógica da identidade como auto-referência a um movimento geral de preservação da presença, pois já não há fundamento último através do qual a identidade se configure. Derrida evita reduzir a *différance* à "diferenciação" exatamente para impedir um retorno à diferença como regida pela lógica da identidade.

Diz ele: "A *différance* é o que faz com que o movimento da significação seja apenas possível se cada elemento dito 'presente', aparecendo na cena da presença, se relacionar com outra coisa diferente dele próprio, guardando em si a marca do elemento passado e logo se deixando escavar pela marca de sua relação com o elemento futuro." A *différance* interrompe a referência ao presente absoluto como fundamento último da significação, que só pode ser entendida como um processo de remissões — impossível de serem interrompidas num significado transcendental, para lembrar aqui o sistema conceitual de Kant.

Por todos esses motivos, o ideal é não traduzir a *différance*, mantendo-a como um corpo estranho no idioma português e ajudando a desconstruir o valor tradicional da diferença como oposição entre supostos contrários. A não-tradução da *différance* pode ser vista como a origem dividida e heterogênea das funções mesmas de tradução, ou seja, da passagem entre os idiomas. Diferencial, temporalizante e espacializante, ela dá vez a inúmeras possibilidades de tradução, sem todavia se deixar traduzir de maneira simples. Para Derrida, a tradução é uma tarefa essencialmente impossível, que se resolve em cada caso de maneira precária e provisória. E o horizonte aberto pelas desconstruções não é o da condição de possibilidade, mas sim o do advento do outro no limite da impossibilidade. Sem cair na utopia, a escritura derridiana lida com o impossível.

Literatura e democracia. As referências anteriores à arquiescrita e à poesia ajudam a entender em grande parte o interesse de Derrida pela literatura. Evidentemente o fato de na tradição ocidental o texto literário se apresentar sobretudo "por escrito" explica até certo ponto o destaque dado à literatura nos textos da desconstrução. Mas não se pode esquecer que, desde suas origens gregas, um forte componente de oralidade esteve igualmente relacionado ao texto poético. O caráter escrito da literatura por si só não detém a explicação, mas sim o motivo de a poesia, já na Grécia, ser portadora de forças capazes de perturbar os filósofos, sobretudo Sócrates e Platão (à diferença de Aristóteles, embora este faça também, a seu modo, uma leitura filosófica do texto poético). A poesia consiste num tipo de inscrição que interfere em algumas das determinações metafísicas da tradição.

A partir sobretudo de 1992, quando é publicada nos Estados Unidos a importante entrevista "This strange institution called literature" ["Essa estranha instituição chamada literatura"], Derrida passa a enfatizar a relação entre literatura e democracia. Não se perde de modo algum a referência à poesia, mas o termo latino "literatura" tem a vantagem de surgir na cena ocidental, com seu sentido contemporâneo, quase que simultaneamente à forma moderna de democracia, ou seja, na segunda metade do século XVIII, época da Revolução Francesa.

Essa feliz coincidência leva Derrida a trabalhar com o termo "literatura" imprimindo-lhe a significação de hipótese para pensar uma forma de democracia ainda historicamente inexistente, por vir. Por ser dotada da capacidade de "dizer tudo", a literatura consigna aquilo que Roland Barthes designou como "força de liberdade", baseada justamente em sua *mímesis* afirmativa. Mas pelo fato de a *mímesis* literária se fazer por inúmeras mediações (personagens, temas, narrador, leitor e outras máscaras), esse "dizer tudo" não significa necessariamente uma autoexposição empírica de seu autor. Daí Derrida dizer que a literatura significa o direito ao "segredo ostentado" (*secret affiché*). Um segredo que se relaciona intensamente ao rastro, à escrita e ao *resto*.

Como ele explica no livro *Paixões*, o segredo da literatura tem a ver com um "resto sem resto", sem conteúdo, substância ou sujeito, quando muito um rastro ou traço de uma presença desde sempre diferida. Isso se explica pelo fato de a experiência que está na origem de um poema, um romance, uma peça, um ensaio somente poder ser lida em sua configuração literária ou em sua reinvenção ficcional. De um lado, a experiência inscrita na literatura se dá a ler em sua quase literalidade, não escondendo nada. Mas de outro, ao sofrer uma recodificação literária, essa mesma experiência se dá como segredo, pois pode estar tão reconfigurada que se torna irreconhecível enquanto tal. E, mesmo quando se faz repetida literalmente, os vários disfarces ficcionais impedem relacioná-la sem mediações ao autor empírico.

Para Derrrida, o segredo é aquilo que recusa qualquer resposta perante toda autoridade, todo sujeito, e nisso consiste sua singularidade mesma, irredutível a qualquer fala ou escrita em sentido simples. Ele é a não-resposta absoluta, daí seu sentido de *resistência* no espaço democrático. Ostentado o suficiente para falar de uma experiência individual, particular, privada, mas também disfarçado o suficiente para não se submeter às instâncias de nenhuma autoridade, o segredo literário é, a seu modo, indecidível. Trata-se de um segredo que não secreta nenhum conteúdo ontológico, nem subjetivo, nem objetivo.

A paixão de Derrida pela literatura se deve, portanto, à possibilidade de dizer tudo ao mesmo tempo em que guarda o segredo. Um segredo que não se reduz a coisa, pessoa ou qualquer identidade. Um tal segredo rasura o próprio regime ontológico das identidades pontuais e homogêneas.

Há, portanto, uma conjunção essencial entre literatura e democracia, "nada de democracia sem literatura, nada de literatura sem democracia", diz Derrida em *Paixões*. Numa democracia, a literatura tem o direito ilimitado de colocar todas as questões, de suspeitar de todos os dogmatismos, de analisar todos os pressupostos. Tal como o *estrangeiro*, que no início do livro *Da hospitalidade* é aquele que coloca a questão, a literatura tem o direito de colocar questões, por ser estrangeira em relação às instituições tradicionais. Ela seria uma espécie de "instituição sem instituição", ou seja, sem o poder coercitivo, limitador, vigilante de todo mecanismo institucional. "X sem X" é uma fórmula que Derrida recolhe em Maurice Blanchot e que serve para desessencializar as identidades discursivas.

Como diz *Papel-máquina*, "A instituição da literatura reconhece, em princípio ou por essência, o direito de dizer tudo ou de não dizer dizendo, portanto o direito ao segredo ostentado. A literatura é livre. Ela deveria sê-lo. Sua liberdade é também aquela que é prometida por uma democracia." Assim, pode-se dizer que, para Derrida, a literatura é uma espécie de "autobiografia autorizada", mas uma autobiografia que não exclui o outro, mesmo que este outro seja a morte. Ao contrário, sem a invenção da alteridade no espaço democrático, não há verdadeira literatura. O advento do outro é o *evento* que o texto literário pode vir a performar.

Trata-se então de uma contradição hiperbólica entre um conceito histórico de democracia, que obriga (o sujeito responsável, normativo, legal) a dizer a verdade, nada além da verdade, e a não-resposta absoluta inscrita no segredo literário, que permanece secreto ao tempo em que se realiza como *fala e escrita*. Essa seria a mesma tarefa de toda democracia por vir: abrir caminho para mais e mais segredos ostentados, os quais tornam o autor irresponsável perante quem quer que seja, até mesmo diante de si. Haveria como que duas ordens assimétricas de dever: o dever de dizer tudo e o dever sem dívida de guardar o que é mais secreto. Isso tudo resulta num segredo bastante superficial para ser dito e preservado, guardado a despeito da fala ou da escrita que não o contém, pois ele a ultrapassa, deixando quando muito um rastro.

Por esse motivo, não é concebível uma "teoria da literatura" em Derrida, exceto se pudéssemos imaginar uma teoria que não propõe conceitos, que não secreta conceituações enquanto unidade do sentido, enquanto corte sistemático na unidade da significação. Uma tal teoria, se ela existe, deveria falar do segredo sem reduzi-lo a uma coisa, um tema, um "sujeito", em suma um *ente*. Uma teoria, portanto, não redutível ao ver, à ontologia, à visibilidade ideal do *eîdos*, nem à fenomenologia da consciência.

O valor especial de exemplo que sustenta a literatura permite-lhe ser uma interpretação sem fim, um gozo e uma frustração sem medida. Para Derrida, o eu que diz "eu" num poema ou numa narrativa é exemplar de todo "eu" possível, expondo e guardando um segredo. A literatura é o excesso de si mesma, ela vive de sua diferença, de seu resto que a leva além de suas fronteiras discursivas. Como se seu traço mais próprio fosse guardar o rastro de um segredo que poderá sempre se apagar, exatamente como o resto. Essa "exemplaridade" de alguns textos literários não destrói a singularidade do exemplo, a marca de sua experiência, mas torna-se por isso mesmo universalizável. Um universal *a priori* cairia nas paragens da pura abstração, apagando as relações com uma empiria mínima. É através do *segredo singular* — essencialmente legível e reproduzível numa face, e codificado, talvez para sempre indecifrável, na outra face — que a literatura consigna uma experiência, a qual a ultrapassa enquanto instituição histórica. Daí que para Derrida a literatura será sempre uma "estranha instituição", pois ela estará sempre lidando com experiências irredutíveis ao cálculo e à previsibilidade da tradução.

Derrida recorre ao conceito freudiano do *Unheimlich* (traduzível de forma razoável como o "estranho familiar") para mostrar que a literatura é uma espécie de *mímesis*, de simulacro, da filosofia, mas que por ser tão estranha quanto familiar propõe formas de reflexão distintas do discurso filosófico. É justamente essa estrutura de exemplaridade singular e universalizável que liga a literatura à intempestiva alteridade e que impede sua auto-identificação, fazendo com que não haja literatura em si mesma, mas traço, letra, rastro de experiências que se inscrevem na dupla vertente, filosófica e literária. Tais experiências podem ser lidas, performadas, para além das determinações metafísicas da *ontoteologia*, ou seja, a associação de Deus às determinações ontológicas da metafísica da presença.

Assim, o segredo se inscreve no discurso literário sem que este se reduza a uma simples identidade institucional. O "estranho familiar" de Freud aponta também para uma espécie de segredo que volta à superfície, ou antes é um rastro que sempre já está aí, na superfície, sem se deixar compreender, ver, nomear como tal no discurso fenomenológico. Por ser o segredo dotado de uma dupla formulação (visível/invisível, aparente/essencial, legível/indecifrável), ele jamais coincide plenamente com a ordem da visibilidade ideal própria ao fenômeno.

Aproveitemos a referência ao estranho familiar para concluir lembrando que a questão do *estrangeiro* é uma das mais importantes do momento atual de Derrida. A ela se relaciona a da hospitalidade incondicional, sem a qual tampouco há verdadeira democracia. Todas essas questões do segredo, do estrangeiro e da hospitalidade, dentre outras correlatas, são o indicativo de que o teor político do pensamento derridiano acentuou-se nos últimos anos. Porém, em vez de falar em "virada política", como querem alguns, é preciso lembrar que toda a problematização do *phármakon*, junto com outros fios temáticos, já envolvia uma perspectiva política, segundo se procurou demonstrar. Todavia, longe de uma demonstração cabal, que encerrasse a discussão, todo o desejo aqui foi abrir um canteiro de obras, com vistas a um debate profícuo sobre as relações entre desconstrução e política.

Seleção de textos

O Lógos *e a escritura*

Não que o *lógos* seja o pai. Mas a origem do *lógos* é *seu pai*. Dir-se-ia, por anacronia, que o "sujeito falante" é o *pai* de sua fala. Não se tardará a perceber que não há aqui nenhuma metáfora, se ao menos se compreende assim o efeito corrente e convencional de uma retórica. O *logos* é um filho, então, e um filho que se destruiria sem a *presença*, sem a *assistência* presente de seu pai. De seu pai que responde por ele e dele. Sem seu pai, ele é apenas, precisamente, uma escritura. É ao menos o que diz aquele que diz, é a tese do pai. A especificidade da escritura se relacionaria, pois, à ausência do pai. Uma tal ausência pode ainda ser modalizada de formas diversas, distinta ou confusamente, sucessiva ou simultaneamente: ter perdido o pai de morte natural ou violenta, por uma violência qualquer ou por parricídio; em seguida, solicitar a assistência, possível ou impossível, da presença paterna. Solicitá-la diretamente ou pretendendo prescindir dela etc. Sabemos como Sócrates insiste sobre a miséria, deplorável ou arrogante, do *lógos* entregue à escritura: "ele tem sempre necessidade da assistência do pai (*toû patròs aeì deîtai boethoû*): sozinho, com efeito, não é capaz de se defender nem de dar assistência a si mesmo".

Esta miséria é ambígua: aflição do órfão, certamente, que tem necessidade não só de que uma presença o assista, mas de que se lhe traga assistência e se venha em seu socorro; mas se o órfão se queixa, também o acusamos, assim como à escritura, de pretender afastar o pai e dele emancipar-se, com complacência e suficiência. Da posição de quem tem o cetro, o desejo da escritura é indicado, designado, denunciado como desejo de orfandade e subversão parricida. Não seria esse *phármakon* um criminoso, um presente envenenado?

O estatuto deste órfão que assistência alguma pode amparar recobre aquele de um *grapheîn* que, não sendo filho de ninguém no momento mesmo em que vem a ser inscrito, mal permanece um filho e não *reconhece* mais suas origens: no sentido do direito e do dever. À diferença da escritura, o *lógos* vivo é vivo por ter um pai vivo (enquanto o órfão está semimorto), um pai que se mantém *presente, de pé* junto a ele, atrás dele, nele, sustentando-o com sua retidão, assistindo-o pessoalmente e em seu nome próprio. O *lógos* vivo reconhece sua dívida, vive desse reconhecimento e se interdita, acredita poder interditar-se o parricídio. Mas o interdito e o parricídio, como as relações da escritura e da fala, são estruturas surpreendentes o bastante para que tenhamos, mais adiante, que articular o texto de Platão entre um parricídio interdito e um parricídio declarado. Assassinato diferido do pai e reitor.

O *Fedro* já seria suficiente para provar que a responsabilidade do *lógos*, do seu sentido e de seus efeitos, cabe à assistência, à presença como presença do pai.

"A farmácia de Platão"

O phármakon

Não muito mais adiante, Sócrates compara a uma droga (*phármakon*) os textos escritos que Fedro trouxe consigo. Esse *phármakon*, essa "medicina", esse filtro, a um só tempo remédio e veneno, já se introduz no corpo do discurso com toda sua ambivalência. Esse encanto, essa virtude de fascinação, essa potência de feitiço podem ser — alternada ou simultaneamente — benéficas e maléficas. O *phármakon* seria uma *substância*, com tudo o que esta palavra possa conotar, no que diz respeito à sua matéria, de virtudes ocultas, de profundidade críptica recusando sua ambivalência à análise, preparando, desde então, o espaço da alquimia, caso não devamos seguir mais longe reconhecendo-a como a própria anti-substância: o que resiste a todo filosofema, excedendo-o indefinidamente como não-identidade, não-essência, não-substância, e fornecendo-lhe, por isso mesmo, a inesgotável adversidade de seu fundo e de sua ausência de fundo.

Operando por sedução, o *phármakon* faz sair dos rumos e das leis gerais, naturais ou habituais. Aqui, ele faz Sócrates sair de seu lugar habitual e de seus caminhos costumeiros. Estes sempre o retinham no interior da cidade. As folhas da escritura agem como um *phármakon* que expulsa ou atrai para fora da cidade aquele que dela nunca quis sair, mesmo no último momento, para escapar da cicuta. Elas o fazem sair de si e o conduzem por um caminho que é propriamente de *êxodo* ... .

Por que o suplemento é perigoso? Ele não o é, se assim se pode dizer, em si, no que nele poderia se apresentar como uma coisa, como um ente-presente. Ele seria então tranqüilizador. O suplemento aqui não é, não é um ente (*on*). Mas ele não é tampouco um simples não-ente (*me ón*). Seu deslizar o furta à alternativa simples da presença e da ausência. Tal é o perigo. E o que permite sempre ao tipo se fazer passar pelo original. A partir do momento em que o fora de um suplemento é aberto, sua estrutura implica que ele mesmo possa se fazer "tipar", ser substituído por seu duplo, e que um suplemento de suplemento seja possível e necessário. Necessário porque esse movimento não é um acidente sensível e "empírico", ele está ligado à idealidade do *eîdos*, como possibilidade da repetição do mesmo. E a escritura aparece a Platão (e após ele, a toda filosofia que se constituiu como tal nesse gesto) como essa *sedução* fatal da reduplicação: suplemento de suplemento, significante de um significante, representante de um representante. (Série da qual ainda não é necessário — mas o faremos mais adiante — fazer *saltar* o primeiro termo ou, antes, a primeira estrutura e fazer aparecer sua irredutibilidade.) É evidente que a estrutura e a história da escritura *fonética* desempenharam um papel decisivo na determinação da escritura como reduplicação do signo, como signo de signo. Significante do significante fônico. Enquanto este último se sustentava na proximidade animada, na presença viva de *mnéme* ou de *psychê*, o significante gráfico, que o reproduz ou imita, distancia-se de um grau, sai para fora da vida, arrasta esta para fora de si mesma e coloca-a em sono no seu duplo "tipado". Donde os dois malefícios desse *phármakon*: ele entorpece a memória e, se presta socorro, não é para *mnéme*, mas para *hypómnesis*. Em vez de despertar a vida no seu original, "em pessoa", ele pode quando muito restaurar os monumentos. Veneno debilitante para a memória, remédio ou reconstituinte para seus signos exteriores, seus *sintomas*, com tudo o que essa palavra pode conotar em grego: acontecimento empírico, contingente, superficial, geralmente de queda ou debilidade, distinguindo-se, como um índice, disso ao que remete. Tua escritura cura apenas o sintoma, já dizia o rei, a quem devemos o saber da diferença intransponível entre a essência do sintoma e a essência do significado; e que a escritura pertence à ordem e à exterioridade do sintoma.

"A farmácia de Platão"

A *différance*

Ora, a palavra *différence* (com um *e*) não pôde nunca remeter nem ao diferir como temporização, nem ao diferendo como *pólemos*. É esse desperdício de sentido que a palavra *différance* (com um *a*) deveria — economicamente — compensar. Ela pode remeter simultaneamente a toda a configuração das suas significações, é imediata e irredutivelmente polissêmica, e isso não será indiferente à economia do discurso que procuro sustentar. E remete a ela, não apenas, bem entendido, e como toda e qualquer significação, ao ser sustentada por um discurso ou por um contexto interpretativo, mas já, de alguma forma, por si mesma, ou ao menos mais facilmente por si mesma do que qualquer outra palavra, uma vez que o *a* provém imediatamente [em francês] do particípio presente (*différant*), e nos aproxima da ação em curso do diferir, antes mesmo que ela tenha produzido um efeito constituído como diferente ou como diferença (com um *e*). Numa conceitualidade clássica e respondendo a exigências clássicas, diríamos que "*différance*" designa a causalidade constituinte, produtora e originária, o processo de cisão e de divisão, cujos produtos ou efeitos constituídos seriam os diferentes ou as diferenças. Mas, ao nos aproximar do núcleo infinitivo e ativo do diferir, "*différance*" (com um *a*) neutraliza aquilo que o infinitivo denota como simplesmente ativo, da mesma forma que "*mouvance*" não significa em francês o simples fato de mover, de se mover ou ser movido. A "*resonance*" não é tampouco o ato de ressoar. É necessário meditar sobre o fato de, no uso da língua francesa, a terminação em "*ance*" permanecer indecisa *entre* o ativo e o passivo. E veremos por que aquilo que se deixa designar por "*différance*" não é simplesmente ativo, nem simplesmente passivo, anunciando, ou antes, recordando qualquer coisa como voz média, dizendo uma operação que não é uma operação, que não se deixa pensar nem como paixão, nem como ação de um sujeito sobre um objeto; nem a partir de um agente, nem a partir de um paciente; nem a partir, nem em vista de qualquer destes *termos*. Ora, a voz média, uma certa não-transitividade, é talvez aquilo que a filosofia, constituindo-se nessa repressão, começou por distribuir em voz ativa e voz passiva.

"A *différance*"

Figaro Magazine — O que significa ser um filósofo francês hoje?

Jacques Derrida — Seria tal questão colocada a um homem de ciência? Em princípio, um filósofo não deveria ter passaporte, nem mesmo "documentos", nunca se deveria solicitar seu visto de entrada. Ele não deveria representar uma nacionalidade, nem mesmo uma língua nacional. Querer ser filósofo, em princípio e com referência à mais constante das tradições, é querer pertencer a uma comunidade universal. Não apenas cosmopolítica, mas universal: para além da cidadania, para além do Estado, portanto para além mesmo do cosmopolítico.

Porém, ao mesmo tempo, a filosofia se inscreve sempre em idiomas, a começar pelo grego. O primeiro dever de um filósofo é talvez o de não recusar a seguinte prova, a mais difícil de todas: estar à altura da urgência dessas questões universais (a globalização, como se diz, é apenas uma dentre outras), ao mesmo tempo em que exige assinar em sua língua e mesmo criar *sua* língua dentro da língua. Essa língua singular, essa língua idiomática não tem que ser pura, nem mesmo nacional.

Um filósofo deve levar em conta a história de sua filiação. Um filósofo "francês" deste século é marcado, quer queira, quer não, pela formação bastante singular que recebeu no colégio — poucos países ensinam a filosofia no colégio — e na universidade, em seguida num meio filosófico, literário, político sem equivalente. O "sucesso" de certos filósofos de minha geração no exterior se deve, dentre outras coisas, ao fato de continuarem sendo, cada um a seu modo, muito "franceses". Houve, nos anos 1960, uma configuração "francesa" da filosofia (e de muitas outras disciplinas — psicanálise, ciências humanas, literaturas) absolutamente única, da qual somos os atores ou já os herdeiros. Ainda não se mensurou o que se passou então e que permanece por ser analisado, para além dos fenômenos de rejeição ou de moda que continua a provocar.

Papel-máquina

Cronologia

1930 Nasce Jackie Derrida, em 15 de julho, na cidade de El-Biar, Argélia, filho de Aimé Derrida e Georgette Safar.

1942 É excluído do liceu Ben Aknun, em função da discriminação aos judeus na Argélia, colônia francesa do norte da África.

1945 Finda a Segunda Guerra, retorna ao liceu Ben Aknun.

1949-50 Viagem à França. Internato no liceu Louis-le-Grand.

1952-53 Estuda na Escola Normal Superior. Conhece sua futura esposa, Marguerite Aucouturier.

1956-57 É aceito na *agrégation*. Recebe bolsa para estudar em Harvard.

1959-60 Realiza sua primeira conferência, no famoso Colóquio de Cerisy.

1960-64 Ensina na Sorbonne, como assistente de Bachelard, Canguilhem, Ricoeur e Wahl.

1962 Independência da Argélia.

1966 Participa, com grande sucesso, de um colóquio na Universidade Johns Hopkins, em Baltimore, que marcou a intensificação da acolhida a filósofos franceses nos EUA.

1967 Publica três de seus mais importantes livros: *A escritura e a diferença*, *Gramatologia* e *A voz e o fenômeno*.

1968 Ajuda a organizar assembléias e participa de passeatas contra o sistema universitário vigente e o sistema político em geral, mas mantém distanciamento em relação a certos aspectos do movimento.

1970 Morte do pai, Aimé Derrida.

1971 Volta à Argélia pela primeira vez desde 1962.

1974 Redige o *Anteprojeto para a fundação do Grupo de Pesquisa sobre o Ensino Filosófico* (*Greph*). Funda este grupo com amigos no ano seguinte.

1979 Realiza com outros os Estados Gerais da Filosofia, na Sorbonne.

1980 Defende tese de doutorado na Sorbonne, a partir da apresentação de livros publicados. Primeiro colóquio de Cerisy dedicado a Derrida, organizado por seus amigos Jean-Luc Nancy e Phillipe Lacoue-Labarthe.

1981 Vai a Praga realizar um seminário clandestino, em plena Guerra Fria. É preso, numa simulação de "porte de drogas".

1983 Fundação do Colégio Internacional de Filosofia, de que é o primeiro presidente. Participa de movimento antiapartheid. Entra para a École Pratique des Hautes Études.

1985 Primeira viagem à América Latina. Conhece Jorge Luis Borges.

1990 Atua como curador da exposição *Mémoires d'aveugle* ["Memórias de cego"], a partir do acervo de desenhos do Louvre.

1992 Recebe, não sem contestação, o título de *Doutor Honoris Causa*, da Universidade de Cambrige.

1993 Ajuda a fundar o Parlamento Internacional dos Escritores, instituição encarregada de ajudar a proteger, através das cidades-refúgio, a vida de escritores ameaçados de morte no mundo todo.

1995 Primeira viagem ao Brasil, a convite de Leyla Perrone-Moisés.

2001 Recebe o prêmio Adorno. Participa, junto com René Major, de uma série de debates sobre sua obra no Planetário da Gávea, Rio de Janeiro.

2003 Recebe o título de *Doutor Honoris Causa* na Universidade de Coimbra. Faz a conferência de abertura no Colóquio sobre "A Soberania", a partir de seus textos. Assina o tratado que torna Coimbra cidade-refúgio.

2004 Por motivos de saúde, suspende pela primeira vez seus seminários na École des Hautes Études en Sciences Sociales.

Referências e fontes

• p.7-13: Algumas das referências biográficas de Derrida foram colhidas em Jacques Derrida e Geoffrey Bennington. *Jacques Derrida*, Paris, Seuil, 1991, p.299-308. [Ed. bras.: *Jacques Derrida*, Rio de Janeiro, Jorge Zahar, p.225-33.]

• p.43: Citação de "La double séance", in *La dissémination*, Paris, Seuil, 1972, p.230.

• p.43-4: Citação de "La pharmacie de Platon", in *La dissémination*, Paris, Seuil, 1972, p.158. [Ed. bras.: "A farmácia de Platão", São Paulo, Iluminuras, 1991, p.88.]

• p.53: A menção à paródia nos remete a Nietzsche, sobretudo em seu livro *A gaia ciência*.

• p.54: O termo *différance* é tematizado na conferência "La différance", pronunciada na Sociedade Francesa de Filosofia em 1968 e publicada no livro *Margens: Da filosofia*, de 1972.

• p.56: Citação de "La différance", *Margens: Da filosofia*, p.13 [Ed. bras.: "A diferença", p.45.]

• p.57: Essa entrevista foi publicada nos Estados Unidos no volume organizado por Derek Attridge, *Jacques Derrida: Acts of Literature*, Nova York/Londres, Routledge, 1992, p.33-75.

• p.59: Alguns textos literários chegam a tematizar essa questão do segredo, como *Armance*, de Stendhal, e *A fera na selva*, de Henry James. Ambos contruídos em torno de uma informação secreta, sendo que somente o segundo a revela no final.

- p.60: Esse é um trecho da tradução atualmente em curso de *Papel-máquina*, a ser lançada ainda este ano pela editora Estação Liberdade.
- Na seção "Seleção de textos", as citações de "A farmácia de Platão" e de "A *différance*" foram retiradas das traduções existentes, mas com algumas modificações. A citação de *Papel-máquina* é tradução do autor.

Leituras recomendadas

De Derrida

Dentre os mais de 70 volumes publicados por Jacques Derrida, selecionamos os seguintes títulos:

- *La dissémination*. Paris, Seuil, 1972.
- *A escritura e a diferença*. São Paulo, Perspectiva, 1971; trad. Maria Beatriz M. Nizza da Silva.
- *Espectros de Marx: O Estado da dívida, o trabalho e a nova Internacional*. Rio de Janeiro, Relume Dumará, 1994; trad. Anamaria Skinner.
- *A farmácia de Platão*. São Paulo, Iluminuras, 1991; trad. Rogério da Costa.
- *Gramatologia*. São Paulo, Perspectiva, 1973; trad. Miriam Schnaiderman e Renato Janini Ribeiro.
- *Limited Inc*. Campinas, Papirus, 1991; trad. Constança Marcondes Cesar.
- *Margens: Da filosofia*. Campinas, Papirus, 1991; trad. Joaquim Torres Costa e António Magalhães.
- *A universidade sem condição*. São Paulo, Estação Liberdade, 2003; trad. Evando Nascimento.

Sobre Derrida

- Evando Nascimento. *Derrida e a literatura: "Notas" de literatura e filosofia nos textos da desconstrução*. Niterói, EdUFF, 2ª ed. 2001.

• Evando Nascimento e Paula Glenaldel (orgs.). *Em torno de Jacques Derrida*. Rio de Janeiro, 7Letras, 2000.

• Jonanthan Culler. *Sobre a desconstrução*. Rio de Janeiro, Record, 1997; trad. Patrícia Burrowes.

• Jacques Derrida e Geoffrey Bennington. *Jacques Derrida*. Rio de Janeiro, Jorge Zahar, 1996; trad. Anamaria Skinner.

• François Cusset. *French Theory*. Paris, La Découverte, 2003.

• Sarah Kofman. *Lectures de Derrida*. Paris, Galilée, 1994.

• Silviano Santiago (superv.). *Glossário de Derrida*. Rio de Janeiro, Francisco Alves, 1976.

Sobre o autor

Evando Nascimento nasceu em Camacã (BA). Fez sua graduação na Universidade Federal da Bahia (UFBA) e o mestrado em letras na Pontifícia Universidade Católica do Rio de Janeiro (PUC-Rio). Durante a preparação de seu doutorado pela Universidade Federal do Rio de Janeiro (UFRJ), entre 1991 e 1993, obteve bolsa do CNPq para estudar Nietzsche durante dois anos na Sorbonne com Sarah Kofman. Simultaneamente, tornou-se aluno de Jacques Derrida, em cujo Seminário da École des Hautes Études en Sciences Sociales apresentou um trabalho que seria o ponto de partida de sua tese, defendida em 1995, com o título de *Derrida e a literatura: "Notas" de literatura e filosofia nos textos da desconstrução* (EdUFF, 2ª ed. 2001). Publicou ainda *Ângulos: Literatura & outras artes* (EdUFJF e Argos, 2002) e co-organizou diversos livros, dentre eles *Em torno de Jacques Derrida* (7Letras, 2000). Ensinou Literatura e Civilização Brasileiras de 1993 a 1996, na Universidade Stendhal, em Grenoble, França.

Colabora regularmente nos cadernos "Mais!", da *Folha de S. Paulo*, "Idéias", do *Jornal do Brasil* e "Prosa & Verso", do *Globo*. Atualmente mora no Rio de Janeiro, é professor adjunto de teoria da literatura na Universidade Federal de Juiz de Fora/MG e pesquisador do Conselho Nacional de Desenvolvimento Científico e Tecnológico (CNPq).

Coleção **PASSO-A-PASSO**

Volumes recentes:

CIÊNCIAS SOCIAIS PASSO-A-PASSO

O negócio do social [40], Joana Angélica Barbosa Garcia

Origens da linguagem [41], Bruna Franchetto e Yonne Leite

Antropologia da criança [57], Clarice Cohn

Patrimônio histórico e cultural [66], Pedro Paulo Funari e Sandra de Cássia Araújo Pelegrini

Antropologia e imagem [68], Andréa Barbosa e Edgar T. da Cunha

Antropologia da política [79], Karina Kuschnir

Sociabilidade urbana [80], Heitor Frúgoli Jr.

Pesquisando em arquivos [82], Celso Castro

Cinema, televisão e história [86], Mônica Almeida Kornis

FILOSOFIA PASSO-A-PASSO

Estética [63], Kathrin H. Rosenfield

Filosofia da natureza [67], Márcia Gonçalves

Hume [69], Leonardo S. Porto

Hannah Arendt [73], Adriano Correia

Schelling [74], Leonardo Alves Vieira

Niilismo [77], Rossano Pecoraro

Kierkegaard [78], Jorge Miranda de Almeida e Alvaro L.M. Valls

Filosofia da biologia [81], Karla Chediak

Ontologia [83], Susana de Castro

John Stuart Mill & a liberdade [84], Mauro Cardoso Simões

Filosofia da história [88], Rossano Pecoraro

Teoria do conhecimento [91], Alberto Oliva

PSICANÁLISE PASSO-A-PASSO

Psicanálise com crianças [75], Teresinha Costa

Feminino/masculino [76], Maria Cristina Poli

Cinema, imagem e psicanálise [85], Tania Rivera

Trauma [87], Ana Maria Rudge

Édipo [89], Teresinha Costa

A psicose [90], Andréa M.C. Guerra

A angústia [92], Sonia Leite

Educação e psicanálise [93], Rinaldo Voltolini

Os outros em Lacan [94], Antonio Quinet

A paixão [95], Marcus André Vieira

Histeria: o caso Dora [96], Nadiá Paulo Ferreira e Marcus Alexandre Motta